Les références de cet ouvrage renvoient, sauf mention
spéciale, à *Illusions perdues*, Coll. « Folio », Gallimard éditeur.

D1513856

Introduction

Illusions perdues est un bien gros livre. Peut-on de nos jours lire quelque chose d'aussi long, d'aussi massif ? Et Balzac a une telle réputation ! Trop de descriptions ! Toujours des descriptions !

Si nous prenions le contre-pied de tout cela ? Balzac a écrit de gros livres comme tout auteur de best-sellers qui se respecte - ce qu'il a été en son temps. Et ses descriptions révèlent un monde grouillant et contradictoire, la Restauration à mi-chemin entre les temps nouveaux et l'Ancien Régime qu'elle voudrait recréer.

Alors, il faudrait trouver à *Illusions perdues* un intérêt historique ? Pas seulement. Le livre est plein d'action, avec des situations désespérées, des succès inouïs, des rebondissements. C'est un récit haletant que celui de l'aventure de Lucien jeté dans le tourbillon de Paris et des efforts de David, l'imprimeur de province saisi par le vertige de l'invention.

Ce n'est pas tout. *Illusions perdues* traite de l'édition, du rôle grandissant de la presse et des journalistes, des difficultés que rencontrent les jeunes écrivains, de l'importance de la publicité. Il nous dit alors des choses que des livres récents s'acharnent à redécouvrir : qu'il y a des connivences entre les critiques et les éditeurs, que le lancement d'un roman à succès se prépare, qu'une bonne polémique, orchestrée entre la presse de droite et la presse de gauche (eh oui ! déjà !), fait du bien aux ventes...

Il nous parle enfin de la réussite sociale, de ce qu'il faut pour l'obtenir, des risques moraux que l'on court à la vouloir à tout prix. Il nous montre des jeunes gens de province montés à Paris, affamés de gloire, d'argent et de succès. C'est-à-dire qu'il nous parle encore et toujours d'aujourd'hui, d'ambitieux aux dents longues, de jeunes loups de la politique et des secrets de la république des lettres.

Repères biographiques, quelques dates $\boxed{1}$

20 mai 1799 - Honoré Balzac naît à Tours. La famille Balzac ne s'arroge pas encore la particule. Le père, d'origine paysanne et sans fortune, gagne confortablement sa vie dans l'administration. La mère est issue d'un milieu de commerçants parisiens modérément fortunés. L'enfant est mis en nourrice. Il aura deux sœurs et un frère, probablement adultérin, né en 1807.

1815 - Chute de l'Empire. La Restauration a lieu : Louis XVIII et Charles X, les deux frères de Louis XVI, vont se succéder sur le trône.

1816-1819 - Après des études médiocres au collège de Vendôme et au lycée Charlemagne à Paris, Balzac s'inscrit à la Sorbonne où il obtiendra le diplôme de bachelier en droit (1819). En même temps, il suit des cours de littérature et fait l'expérience du droit pratique chez un avoué, Guillonnet-Merville, et chez un notaire. Il apprend la procédure, c'est-à-dire les formalités qui doivent être remplies juridiquement.

C'est avec un luxe de détails, et en parfaite connaissance de cause, que Balzac décrit les aspects juridiques de la situation dans laquelle se débat David Séchard (3ᵉ partie d'*Illusions perdues*).

1819-1820 - Comme Balzac refuse de devenir notaire, sa famille accepte de lui faire une pension modeste pour qu'il tente sa chance dans la littérature. Il occupe une chambre sous les combles, vit de peu, travaille beaucoup, mène la vie sage du héros d'*Illusions perdues*, Lucien de Rubempré, au début de la 2ᵉ partie du roman.

1822 - Âgé de vingt-trois ans, Balzac s'éprend d'une femme qui pourrait être sa mère, Mᵐᵉ de Berny. Voisine de la famille Balzac à Villeparisis, celle-ci a une certaine expérience du monde : Louis XVI et Marie-Antoinette l'ont tenue sur les fonts baptismaux ; son mari est noble. Elle guide Balzac, l'aide et le soutient dans ses entreprises. Il l'appelle la *Dilecta*, c'est-à-dire « l'élue », « l'aimée ».

Cette liaison rappelle par certains traits celle de Lucien et de Mᵐᵉ de Bargeton dans *Illusions perdues*. En effet, Mᵐᵉ de Berny vante à Balzac ses qualités et l'isole de sa famille, qu'elle trouve vulgaire.

1825-1828 - Découragé par l'insuccès de ses efforts littéraires (il a publié sous des pseudonymes divers des romans souvent fort médiocres), Balzac décide de s'installer comme éditeur-imprimeur. Il fait de mauvaises affaires.

Sa situation n'est pas sans similitudes avec celle de David Séchard dans *Illusions perdues*.

L'imprimerie est mise en liquidation judiciaire. Balzac doit 60 000 francs, somme importante si l'on songe qu'un personnage d'*Illusions perdues* parle d'«une femme riche de trente à quarante mille francs».

1830 - La révolution de Juillet met fin à la Restauration. Louis-Philippe, de la branche d'Orléans, devient roi des Français. La Monarchie de Juillet commence.

1830-1837 - Succès et folles dépenses. Balzac travaille avec acharnement. Un exemple : pour le seul mois d'avril 1830 (il a alors trente ans), il publie *la Vendetta, Gobseck, le Bal de Sceaux, la Maison du Chat-qui-pelote, Une double famille, la Paix du ménage*. C'est aussi la prodigalité. En 1831, il dépense trois fois plus qu'en 1830. Malgré des gains importants, ses dettes ont encore augmenté. Commence l'engrenage des à-valoir des éditeurs (sommes versées à l'avance à l'auteur) pour des œuvres non écrites qui servent à couvrir de nouvelles dépenses. La production romanesque est énorme (*la Peau de Chagrin*, 1831 ; *Eugénie Grandet*, 1833 ; *le Père Goriot*, 1835 ; *le Lys dans la vallée*, 1836 ; *César Birotteau*, 1837). Elle s'effectue sous la menace des huissiers. Ce qui n'empêche pas Balzac, célèbre, à la mode, de faire son entrée dans les salons, de fréquenter les grandes dames. Pour complaire à l'une d'elles, la marquise de Castries, il opère une volte-face, quittant la presse libérale pour la presse d'opposition, rejoignant les rangs du parti légitimiste (voir *Repères historiques*) du duc de Fitz-James.

Ce revirement fait naturellement penser à celui de Lucien de Rubempré dans *Illusions perdues* (voir *Analyse du roman*, p. 22).

En 1833, à trente-quatre ans, Balzac rencontre Mme Hanska avec laquelle il était en correspondance depuis qu'elle lui avait adressé une lettre signée «l'Étrangère». Mme Hanska est polonaise, riche, comtesse, propriétaire d'immenses domaines en Ukraine : elle satisfait le goût de l'écrivain pour la fortune et la noblesse.

En 1836, Mme de Berny, la *Dilecta*, meurt.

1837-1843 - C'est sur cette longue période que s'étale la rédaction d'*Illusions perdues*. En 1837, Balzac, qui a trente-huit ans, après neuf ans de travaux et de succès de librairie - c'est un auteur de *best-sellers* ! -, a accumulé 162 000 francs de dettes. La pression des créanciers est terrible : en février, la voiture de l'écrivain, un élégant tilbury, est saisie ; au retour d'un voyage en Italie, à cause de la faillite de son éditeur, Balzac est contraint de se cacher ; il évite de peu la prison.

En 1839, il a quarante ans ; il rédige la deuxième partie d'*Illusions perdues* ; et, pour la première fois, l'expression « Comédie humaine » apparaît sous sa plume, désignant l'ensemble de son œuvre.

En juin 1840, le total des dettes de Balzac atteint 262 000 francs, somme énorme. Sous la pression de Mme Hanska qui est devenue veuve et qui exige pour accepter de l'épouser qu'il règle sa situation financière, l'écrivain entreprend, quelques années plus tard, un remboursement méthodique de certains créanciers. Naturellement, cela ne l'empêchera pas de continuer à se livrer à de folles dépenses, en particulier pour acheter des objets d'art et des meubles anciens.

En 1843, à quarante-quatre ans, il rédige la troisième partie d'*Illusions perdues*, qu'il corrige quinze à seize fois.

L'amoncellement des dettes durant cette période rappelle la spirale qui engloutit les deux héros d'*Illusions perdues*, Lucien et David.

1848 - Une révolution renverse le régime de Louis-Philippe. La seconde République est instaurée. Bientôt, Louis-Napoléon Bonaparte est élu à la présidence. Il deviendra l'Empereur Napoléon III en 1852.

1850 - Balzac a cinquante et un ans. Il réalise son rêve : il épouse Mme Hanska dont il est l'amant depuis seize ans - non sans quelques infidélités ! - et les nouveaux époux qui séjournaient en Ukraine dans les terres de Mme Hanska regagnent Paris. Mais l'écrivain est gravement malade. Il meurt le 18 août dans la nuit.

L'action d'*Illusions perdues* se situe sous la Restauration (1815-1830, rappelons-le). L'ouvrage a été rédigé plus tard, sous la Monarchie de Juillet. Il est aussi fait allusion à la Révolution et à l'Empire. Tentons de clarifier tout cela.

LA PÉRIODE RÉVOLUTIONNAIRE ET L'EMPIRE

En 1789, une assemblée réunie par Louis XVI pour voter l'impôt, les Etats généraux, décide de donner une Constitution au royaume, c'est-à-dire un ensemble de textes fondamentaux qui déterminent la forme du gouvernement d'un pays : elle s'attribue le nom de Constituante. Le 21 janvier 1793, le roi est exécuté. Le Comité de salut public, formé de membres de l'Assemblée - alors appelée Convention - organise la guerre contre l'Europe coalisée et poursuit les ennemis de l'intérieur, nobles, bourgeois qui spéculent sur les denrées, opposants politiques, partie du clergé qui n'accepte pas le régime. C'est la Terreur. En 1794, Robespierre et ses amis du Comité sont à leur tour guillotinés. La Convention thermidorienne, née à la chute du Comité, donne lieu au Directoire (1795-1799). La période est troublée, corrompue, marquée par la répression d'insurrections et la poursuite de la guerre contre l'Europe.

Cette guerre incessante porte sur le devant de la scène politique un général, Napoléon Bonaparte. Le 18 Brumaire - selon le calendrier révolutionnaire -, en 1799, par un coup d'État, il prend le pouvoir, établit le Consulat (1799-1804) et devient lui-même premier consul. Il se fait couronner empereur en 1804. L'Empire dure jusqu'en 1814, avec le bref retour des Cent-Jours en 1815. L'administration est réorganisée, avec l'institution des préfets et sous-préfets. Le Concordat de 1801 met fin à l'opposition du clergé. Le Code civil réorganise la France du point de vue juridique, tandis que les finances sont restaurées, l'enseignement secondaire et universitaire remodelé. Mais, dans le domaine militaire, aux victoires du début succèdent les revers. En 1814, les troupes étrangères occupent Paris et Napoléon doit abdiquer. La défaite de Waterloo (1815) met fin à l'épisode des Cent-Jours.

Illusions perdues évoque ces temps de la Révolution et de l'Empire lorsqu'il est question du père Séchard et de Mme de Bargeton.

Louis XVIII, frère de Louis XVI, est installé sur le trône par les chefs d'État des pays occupants. Il instaure le régime sous lequel se situe l'action d'*Illusions perdues*. A sa mort en 1824, son frère lui succède sous le nom de Charles X.

LA RESTAURATION[1]
(1814-1815, 1815-1830)

Ce nouveau régime vise à « restaurer » l'Ancien Régime, à abolir les traces de la Révolution et de l'Empire, ce qui explique son nom. Fait significatif, quand Louis XVIII prend le pouvoir, il date ses actes de la dix-neuvième année de son règne comme s'il avait succédé à son frère Louis XVI. Il considère qu'il rétablit le gouvernement légitime - raison pour laquelle les royalistes sont aussi appelés *légitimistes*. Il redonne une place primordiale à la noblesse et au clergé.

1. N'oublions pas l'intermède des Cent-Jours en 1815.

Il est pourtant obligé de prendre acte des changements intervenus. Il octroie donc la Charte, c'est-à-dire un document qui fixe les principes fondamentaux selon lesquels est régi le royaume. Il reconnaît ainsi des droits acquis pendant la Révolution et entérine les événements qui se sont produits à cette période, en particulier les transferts de propriété (la vente des biens du clergé et des nobles). Sont garantis par la Charte les droits de liberté, d'égalité, la liberté religieuse, l'indépendance des juges et le jury. Il y a deux Chambres, institutions issues de la Révolution et de l'Empire : une Chambre des pairs, nommée par le roi (le héros d'*Illusions perdues*, Lucien, aspire à devenir pair de France) ; une Chambre des députés, élue.

Attention : cette Chambre des députés n'est pas élue au suffrage universel. Seuls votent un petit nombre de citoyens choisis en fonction de leur fortune, une centaine de milliers seulement pour une population totale de 31 millions de Français, dont environ 9 millions d'adultes du sexe masculin : c'est un suffrage censitaire. Il faut avoir trente ans pour être électeur ; quarante ans pour être éligible. Cela explique l'appétit et la révolte des jeunes gens pauvres, doublement éliminés des décisions, à cause de leur âge, à cause de leur peu de fortune. Ces jeunes gens abondent dans *Illusions perdues* : David Séchard, Lucien de Rubempré, les amis du Cénacle, les journa-listes, mais aussi Petit-Claud.

Un tel régime, pris entre le désir de restaurer l'ordre d'autrefois et la nécessité de s'accommoder de la situation du moment, présentait des valeurs contradictoires. En apparence, l'Ancien Régime était rétabli, avec la préémi-nence absolue des nobles et de l'Église. On voit bien, dans la société d'Angoulême présentée par *Illusions perdues*, combien l'Évêché a de poids et combien la noblesse est fière et méprisante, dédaignant les industriels fortunés - mais roturiers... Cependant, les nouvelles valeurs, le mérite individuel, l'argent, ne sont pas effacées. Faire fortune est une assurance de réussite dans la société de la Restauration, obtenir la gloire littéraire aussi : c'est ce que montrent les tentatives de Lucien et de

David. Sans cesse, le roman, à l'image de la société qu'il décrit, oscille entre ces deux systèmes de valeurs, le code aristocratique, les valeurs de la bourgeoisie.

● *La Restauration et la presse*

A cause des limitations de la vie politique, la presse prend une importance considérable. Elle forme l'opinion des gens des villes, de la petite-bourgeoisie qui n'a pas le droit de vote. Elle est divisée en plusieurs courants, comme toute la vie politique.

- Les Ultras. Ils sont plus monarchistes que le roi lui-même. Ils ont été terrifiés par le retour de Napoléon lors des Cent-Jours. Ils appuient la Terreur blanche qui suit, c'est-à-dire les exécutions d'opposants à la monarchie par des bandes incontrôlées. Ils obtiennent une Terreur blanche « légale » avec épuration de l'administration et de l'armée. Leurs journaux sont *la Quotidienne*, *la Gazette de France*, le violent *Drapeau blanc*, *le Journal des Débats*... Ils sont couramment mentionnés dans *Illusions perdues*.

- Les Libéraux. Ils admirent la Déclaration des droits de l'homme et la nuit du 4 août 1789 où furent abolis les privilèges. Dans l'opposition, ils défendent le progrès et les libertés de pensée, de religion, de parole et de presse. Ils sont volontiers anticléricaux, voient partout la trace d'un complot jésuite, se révèlent hostiles aux privilèges de tout ordre. Ils prônent un État aux pouvoirs réduits, la libre combinaison des actions individuelles pour le bénéfice du corps social tout entier. Leurs journaux sont *le Constitutionnel*, *le Mercure*, *la Minerve*, *la Renommée*.

- Quant à la presse gouvernementale, elle comprend *le Moniteur*, *le Journal général*, entre autres.

Ces journaux ont des tirages restreints, les abonnements étant très chers. A eux tous, les quotidiens de la capitale n'ont en 1826 que 65 000 abonnés, dont 50 000 pour la presse libérale. Cela explique en partie les embarras financiers de Lucien de Rubempré, une fois qu'il rejoint les rangs de la presse gouvernementale ou ultra. Écrivant moins, il gagne moins d'argent.

En littérature, la presse libérale défend le classicisme, l'imitation des Anciens : c'est pour cela que Lucien de Rubempré doit faire un article défavorable au livre de Nathan, écrivain romantique. Le romantisme, à ce moment-là, est de droite. Lamartine, qui remporte un grand succès avec les *Méditations poétiques* en 1820, est catholique et ultraroyaliste. Le jeune Victor Hugo, dont les *Odes* paraissent en 1822, et le Vigny des *Poèmes* publiés en 1826, appartiennent aussi à ce mouvement. Les choses en sont là dans *Illusions perdues*, les journaux libéraux se gaussant du romantisme. C'est le journal *le Globe*, fondé en 1824, qui va faire évoluer le romantisme vers le libéralisme, vers la défense de la justice sociale.

• *La presse et la chute de la Restauration*

Le régime tient la presse en liberté très surveillée. Tantôt il censure sévèrement - ce sont les « blancs », c'est-à-dire les coupures, dont les journalistes réclament qu'ils leur soient payés dans *Illusions perdues*. Tantôt, abolissant la censure, il supprime des périodiques grâce à des procès de tendance, sous les rubriques vagues d'atteinte au roi ou à la religion, ou bien les rachète en sous-main. *Illusions perdues*, qui se livre à des diatribes contre la presse libérale, montre sa complicité avec le gouvernement, à l'aide du double jeu de Finot (p. 445 sq.).

C'est pourtant la presse qui va déclencher l'hallali contre le régime. En 1830, les élections sont un désastre pour le ministère. Le roi, Charles X, prend alors quatre ordonnances. La première vise à museler la presse. Les journalistes réagissent vivement. Quarante-quatre d'entre eux rédigent une protestation exprimée au nom de la Charte ; ils refusent de reconnaître les ordonnances du roi. Et, malgré l'interdiction du préfet de police, les journaux paraissent, appelant à la révolution ouverte. Attroupements, barricades : l'émeute vire à la révolution lors des journées des 27, 28 et 29 juillet 1830, appelées les « Trois Glorieuses ». Charles X abdique et s'enfuit.

Quand il écrit *Illusions perdues*, dont l'action se situe aux environs de 1820, Balzac se souvient du rôle primordial que la presse a joué - comme catalyseur, non comme cause profonde - dans le renversement du régime de la Restauration. Grâce à ce souvenir, il prête aux membres du Cénacle une analyse clairvoyante de la situation de la presse libérale et de la presse ultra (p. 434-435).

● *Paris sous la Restauration*

Quartiers chics et quartiers sordides se côtoient. Rive droite, près des Tuileries, résidence du roi, dont le jardin forme une promenade à la mode (*Illusions perdues*, p. 200), le quartier du Carrousel est un lacis de ruelles malodorantes. Le Palais-Royal, longuement décrit dans le roman (p. 271 sq.), aligne restaurants fameux, éditeurs en vogue, prostituées et tripots. De même, rue Montorgueil, un restaurant célèbre, *le Rocher de Cancale* (p. 330), se tient tout près de la butte des Moulins aux rues sordides - cette butte se trouvait à l'emplacement actuel de l'avenue de l'Opéra.

La ligne des grands boulevards devient sous la Restauration le centre le plus animé de la capitale : ils permettent en effet aux équipages de se déployer, aux promeneurs de déambuler dans les contre-allées plantées d'arbres. Si l'on moissonne dans la plaine Monceau, si au sud des Champs-Élysées des pâturages à chèvres, à moutons, à vaches, atteignent la Seine, les Champs-Élysées n'en sont pas moins un rendez-vous à la mode : Lucien et Coralie s'y pavanent (*Illusions perdues*, p. 333).

Rive gauche, le Quartier latin est peuplé d'étudiants et de petits rentiers. D'Arthez, Lucien pendant sa période studieuse, y habitent. A l'ouest s'étend le faubourg Saint-Germain, le « noble faubourg », supplanté par les nouveaux quartiers à la mode de la rive droite, en particulier par le faubourg Saint-Honoré où habite l'aristocratique femme du monde qu'est Mme d'Espard (*Illusions perdues*).

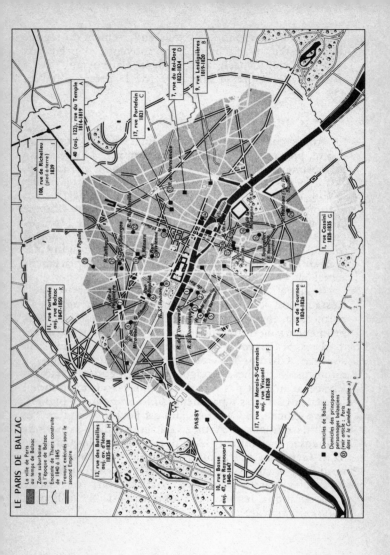

LE PARIS DE BALZAC

- La ville de Paris au temps de Balzac
- Zone suburbaine à l'époque de Balzac
- Enceinte de Thiers construite de 1840 à 1845
- Travaux exécutés sous le second Empire

40 (auj. 122), rue du Temple 1814-1819 A

17, rue Portefoin 1821 C

7, rue du Roi-Doré 1822-1824 D

9, rue Lesdiguières 1819-1820 B

108, rue de Richelieu (pied-à-terre) 1839

1, rue Cassini 1828-1835 G

11, rue Fortunée auj. rue Balzac 1847-1850 K

2, rue de Tournon 1824-1826 E

17, rue des Marais-S.-Germain auj. rue Visconti 1826-1828 F

13, rue des Batailles auj. av. d'Iéna 1835-1838 H

10, rue Basse auj. 47, rue Raynouard, 1840-1847 J

PASSY

- ■ Domiciles de Balzac
- ● Domiciles des principaux personnages balzaciens
- ㉒ (voir article : Paris dont « la Comédie humaine »)

Dictionnaire de Balzac, F. Longaud, Ed. Larousse, 1969.

14

• *L'argent sous la Restauration* [1]

On voit dans *Illusions perdues* les personnages courir après l'argent liquide, se livrer à des opérations financières compliquées, se rendre dans les officines des escompteurs et des usuriers.

Durant toute la période, et jusqu'au Second Empire (1852), le numéraire est rare. A cause de la rareté du métal précieux, d'abord, car la monnaie n'est pas, à cette époque, dissociée de l'or et de l'argent. A cause du peu de confiance des gouvernements dans le papier-monnaie à la suite de la terrible inflation qu'avait connue l'assignat durant la Révolution française, ensuite. Le papier-monnaie ne sera réellement introduit en France qu'en 1848.

Pour régler les affaires, on utilise les *lettres de change* et les *billets à ordre*. Ce sont à la fois des moyens de paiement et du crédit. Les lettres de change sont des billets de crédit sur trois mois donnés en échange d'une marchandise, tandis que les billets à ordre fonctionnent sans qu'il y ait de marchandise en jeu. Pour escompter ces billets, c'est-à-dire se les faire payer, il faut s'adresser aux banques qui, lorsqu'elles en ont un certain nombre, les réescomptent à la Banque de France. Le taux de l'escompte est usuraire ; la valeur n'est pas garantie ; on peut se trouver, comme Lucien dans *Illusions perdues*, obligé d'escompter un billet à 50 % de sa valeur, si celui qui l'a fait n'a pas une situation financière solide.

Tout cela explique, sous la Restauration, la pratique de l'achat à crédit, extrêmement répandue : on ne règle qu'exceptionnellement les fournisseurs au fur et à mesure des acquisitions. Lucien, dans *Illusions perdues*, est bien naïf, à son arrivée dans la capitale, de payer son tailleur ! On ne l'y reprendra plus, et il accumulera les dettes. Et, pour obtenir de l'argent rapidement, il courra les officines des intermédiaires qui prolifèrent dans de telles conditions, les escompteurs et les usuriers, personnages si importants dans *la Comédie humaine*.

1. Mon ami Thierry Decoudun, historien, a eu la patience de m'expliquer ces phénomènes économiques. Qu'il en soit ici remercié.

LA MONARCHIE DE JUILLET [1]
(1830-1848)

A Charles X succède Louis-Philippe, de la maison d'Orléans. Le nouveau roi a combattu dans les armées de la Révolution avant de s'exiler et de gagner sa vie comme précepteur. Son père, député à la Convention sous le nom de Philippe Égalité, avait voté la mort de son cousin Louis XVI ; il n'en était pas moins monté à son tour sur l'échafaud peu de temps après. Sous ce règne, les libéraux, la grande bourgeoisie d'affaires accèdent au pouvoir. Casimir Périer, Laffitte, des banquiers, deviennent ministres. Les légitimistes entrent dans l'opposition : c'est ce moment-là, remarquons-le, que choisit Balzac pour les rejoindre. A la différence de son héros Lucien, qui avait rallié les légitimistes au pouvoir (*Illusions perdues*), il peut difficilement être soupçonné d'opportunisme.

Les premières années, le nouveau régime est secoué de soubresauts. Les républicains, entre autres, tentent des soulèvements. Un des personnages d'*Illusions perdues*, Michel Chrestien, meurt au cours de l'un d'eux, en 1832. En effet, le libéralisme, une fois au pouvoir, se fait conservateur. Quoique le nombre des électeurs se soit un peu étoffé, le suffrage reste censitaire. La presse connaît toujours des restrictions. Elle ne s'en développe pas moins. Le tirage des quotidiens parisiens quadruple presque entre 1830 et la chute de Louis-Philippe (1848). La grande presse fait ses débuts avec le journal *la Presse* d'Émile de Girardin lancé en 1836 avec un prix de vente bas obtenu grâce à la publicité.

Quand Balzac s'attaque à la presse dans *Illusions perdues*, il songe plus à celle qu'il a sous les yeux qu'aux journaux de la Restauration, encore à leurs débuts.

1. Période durant laquelle a été écrit *Illusions perdues*.

Illusions perdues, avec ses trois parties, forme un triptyque. La première et la troisième partie (*Les deux poètes* et *Les souffrances de l'inventeur*) se situent à Angoulême ; elles encadrent *Un grand homme de province à Paris* qui, comme l'indique le titre, se déroule dans la capitale.

LES DEUX POÈTES

● *Deux jeunes ambitieux* [1] (p. 29 à 56)

A Angoulême, le père Séchard cède son imprimerie vieillotte à son fils. Il en demande par cupidité un loyer exorbitant et, craignant de ne pas être payé, vend le journal d'annonces, seule véritable source de revenus de l'entreprise. Malgré sa situation difficile, son fils David reste généreux : il emploie dans l'imprimerie Lucien Chardon, jeune homme pauvre, fils d'un apothicaire mort avant d'avoir fait fortune.

Les deux amis n'ont rien, ils voudraient tout. Ils rêvent de s'enrichir et de conquérir le monde. Ils sont bien différents toutefois. David veut le bonheur de ceux qu'il aime. De Lucien. D'Ève, la sœur de ce dernier, dont il est amoureux en secret. De la mère de Lucien, une demoiselle de Rubempré d'excellente noblesse, tombée dans la roture, gardant à présent des femmes en couches

1. Les intertitres sont de l'auteur du Profil.

pour gagner sa vie. Se sentant une âme d'inventeur, David a décidé de découvrir le secret de la fabrication à bon marché du papier. Lucien a des rêves plus égoïstes. Brillant, fort beau, adulé par ceux qui l'entourent, il aspire à la gloire que donne la poésie.

- *A l'assaut de la ville haute* (p. 56 à 93)

Lucien va réussir grâce à sa beauté. A Angoulême, on distingue la ville haute, perchée sur un piton, pleine de morgue aristocratique, très fermée, et le faubourg de l'Houmeau, excroissance industrielle habitée par les bourgeois. Entre l'Houmeau et la ville haute, la distance est infranchissable : jamais un homme du faubourg n'est reçu dans les salons de la noblesse. C'est pourtant ce qui arrive à Lucien, enfant de l'Houmeau, pauvre de surcroît.

Un directeur des contributions, Châtelet, a l'idée de le présenter à la grande dame qu'il courtise, M\ :sup:`me` de Bargeton, « reine d'Angoulême ». Celle-ci, mal mariée, s'ennuyant, est séduite par Lucien qui a tant de beauté et de génie. Elle le fait venir souvent chez elle. Elle organise même une grande soirée pour faire briller ses talents devant la haute société. Lucien, dans un mouvement généreux qu'il regrette aussitôt, exige qu'elle reçoive son ami David Séchard. Il est bien soulagé quand celui-ci refuse l'invitation.

- *Soirée aristocratique, bonheur bourgeois* (p. 93 à 137)

Au cours de cette soirée, Lucien essuie des insultes. Les nobles d'Angoulême sont aussi sots qu'ils sont orgueilleux et personne ou presque n'est à même d'apprécier les poésies qu'il lit, les siennes et celles d'autres auteurs. Tandis que M\ :sup:`me` de Bargeton l'appelle M. de Rubempré, du nom de sa mère, on lui jette à la figure son nom de Chardon. On va jusqu'à évoquer le métier qu'exerce sa mère pour en faire un sujet de railleries cruelles. De tels affronts, une telle incompréhension rapprochent encore le jeune homme et M\ :sup:`me` de Bargeton.

Pendant ce temps, David passe avec la sœur de Lucien

des moments très doux. Il avoue à la jeune fille son amour et lui demande de l'épouser. Elle refuse tout d'abord car elle est ouvrière, tandis qu'il est propriétaire d'une imprimerie. Il vient à bout de ses scrupules en lui représentant la vie aisée qu'ils pourront, tous les deux, préparer pour Lucien. Il lui parle de son projet d'invention et elle pense qu'elle pourra l'aider grâce à son solide bon sens.

Si la mère d'Ève et de Lucien est enchantée de ce mariage à venir, Lucien s'en inquiète. Il craint que Mme de Bargeton n'approuve pas une alliance aussi vulgaire. Quant au père Séchard, il signifie qu'il n'aidera en rien le nouveau ménage.

● *Conspiration* (p. 137 à 165)

Dans Angoulême court le bruit de la liaison de Mme de Bargeton et de Lucien. Ceux-ci sont amoureux l'un de l'autre, mais le poète n'a pas obtenu grand-chose. C'est Châtelet, le directeur des contributions, qui attise ce bruit tout en se posant comme le défenseur de Mme de Bargeton. Il médite de la compromettre afin d'avoir une occasion de la conquérir. Pour cela, il pousse un incorrigible bavard à mener son enquête. Lucien est surpris à genoux devant Mme de Bargeton. Le bavard répand la nouvelle dans les salons. La noblesse est en émoi.

Mme de Bargeton riposte très vite. Elle incite son mari, qui lui voue une aveugle confiance, à provoquer en duel le bavard. Elle l'envoie ensuite à la campagne, ferme son hôtel et part elle-même pour Paris. Elle prétexte à ce voyage la nécessité d'obtenir une « place » pour M. de Bargeton. Elle emmène Lucien avec elle, le jeune homme renonçant pour la suivre à assister au mariage de David et d'Ève ; ce qui ne l'empêche pas de leur emprunter l'argent de son séjour dans la capitale.

UN GRAND HOMME DE PROVINCE A PARIS

- *Premier échec* (p. 169 à 204)

Paris transforme les sentiments de Lucien et de Mme de Bargeton. Comparés à ceux des Parisiennes, les charmes de la « reine d'Angoulême » paraissent fanés, voire provinciaux. Quant à Lucien, il se révèle sans élégance, sans éducation, assez embarrassant. Entre eux s'immisce Châtelet, qui a suivi le couple à Paris. L'homme, toujours désireux de conquérir Mme de Bargeton, se rend utile, étale son savoir-faire, dispense ses conseils. Mais c'est Mme d'Espard qui met fin aux relations de Mme de Bargeton et de Lucien. Cette grande dame veut bien prêter son aide à sa cousine de province, elle refuse l'alliance de cette dernière avec « le fils d'un apothicaire ». Aussi, lors d'une soirée à l'Opéra, le poète se voit abandonné dans sa loge. Il croyait devoir remporter des succès dans le grand monde et il est rejeté par tous.

- *Les deux voies* (p. 204 à 264)

Pour paraître à son avantage aux côtés de Mme de Bargeton, Lucien a dépensé en quelques jours presque tout l'argent qui devait assurer sa subsistance pendant un an. Il adresse à cette femme une violente lettre de reproches et déménage. Il quitte l'élégante rive droite pour le Quartier latin où vivent les jeunes gens pauvres. Il s'instruit, il refond les deux manuscrits qu'il a apportés avec lui d'Angoulême, un roman historique et un recueil de poèmes, il suit l'actualité littéraire. Malgré cela, il ne parvient pas à vendre ses œuvres aux « libraires » - ce terme désignait ceux que nous appelons aujourd'hui éditeurs. A la bibliothèque Sainte-Geneviève où il travaille, il fait la connaissance de Daniel d'Arthez, un écrivain qui mène une vie de labeur et de pauvreté. Par lui, il est introduit dans le Cénacle[1], groupe de jeunes gens de toutes tendances, monarchistes, républicains, de

1. On ne doit pas confondre le Cénacle d'*Illusions perdues* avec le Cénacle, groupe constitué chez l'écrivain Charles Nodier puis chez Victor Hugo pour définir et défendre les idées du romantisme naissant (1823-1828).

toutes formations, avec, entre autres, un peintre, un médecin, un philosophe, un poète. Il retrouve auprès d'eux l'amitié qu'il a connue avec David Séchard. Il découvre la patience obscure du génie qui attend son heure, les hautes ambitions, le véritable travail. Au restaurant Flicoteaux, très bon marché, il remarque un dîneur occasionnel, Étienne Lousteau, qui est journaliste. Il est alors à la croisée des chemins. Il lui faut choisir entre les visées à long terme du Cénacle et les tapages immédiats que procure le journalisme. Il n'hésite pas longtemps. Prenant prétexte de son besoin d'argent, il suit Étienne Lousteau.

- *La vengeance de Lucien* (p. 264 à 374)

Très vite, c'est le succès. Les petits journaux d'opposition pour lesquels Lucien écrit ont de l'influence. Le jeune homme est introduit dans les théâtres. Il sent le pouvoir de sa plume : un éditeur qui ne voulait pas de son recueil de poèmes le lui achète pour une grosse somme. Il tient sa vengeance : il lance une campagne de presse qui ridiculise Mme de Bargeton et Châtelet à présent fort liés. Il s'exhibe avec sa maîtresse, Coralie, une actrice, sur les Champs-Élysées où il avait connu l'humiliation de ne pas être salué par Mme de Bargeton. Il est aimé, il est heureux, et Coralie abandonne pour lui son riche protecteur. Mais il apprend aussi le travail bâclé, les mensonges, les articles de commande, toutes sortes de médiocrités.

- *Mme de Bargeton prépare sa revanche* (p. 374 à 436)

Les gens de la noblesse, Mme d'Espard, cousine de Mme de Bargeton, en tête, font des avances à Lucien. Ils le mettent face à face avec la « reine d'Angoulême », transformée en Parisienne élégante et devenue veuve. Le jeune homme ne sait pas saisir l'occasion. Il blesse cette femme qui était prête à lui revenir, car il est trop pris par Coralie, sa jeune et belle maîtresse. Il a désormais en Mme de Bargeton une ennemie acharnée mais secrète. Il fraie avec le grand monde et s'entend suggérer qu'une ordonnance du roi pourrait légaliser son nom de Rubempré. A cela, une seule condition : il doit quitter la presse d'opposition. Ayant compris qu'il lui serait difficile de s'élever dans le journalisme, il croit tenir le moyen de la fortune. Il rêve du riche mariage que son nom noble rendrait possible, et Coralie, qui lui sacrifierait tout, l'encourage. Il n'en est pas moins à court d'argent. Il vend son roman historique à une maison d'édition, celle de Fendant et Cavalier. Ceux-ci le paient en billets que personne ne veut escompter car on les sait au bord de la faillite.

Le Cénacle vient conjurer Lucien de ne pas renier ses opinions. Mais celui-ci, persuadé que l'ordonnance sera la voie de son élévation, collabore quand même au *Réveil*, feuille gouvernementale. Du jour au lendemain, ses anciens camarades font de lui leur « bête noire ». Il est attaqué par toute la presse d'opposition. Or il a grand besoin de la presse. Coralie fait ses débuts dans un théâtre renommé, il lui faut des critiques élogieuses. La presse gouvernementale, de surcroît, risque de lui faire défaut si Lucien n'accepte pas d'éreinter le livre que Daniel d'Arthez vient de publier. Acculé à choisir entre un ami et sa maîtresse, le poète sacrifie l'ami, la mort dans l'âme. Malgré cela, la presse gouvernementale ne soutient pas Coralie. L'actrice tombe malade. Son rôle est repris par une rivale.

- « *La fatale semaine* [1] » (p. 436 à 463)

Coralie et Lucien sont terriblement endettés. Ils ont mené grand train sans presque rien gagner. Quand un ancien ami de la presse d'opposition vient lui passer commande d'articles, Lucien accepte avec empressement. Il ne prend pas garde qu'on lui demande, entre autres, de ridiculiser le garde des Sceaux. Il se croit d'ailleurs au seuil du succès. C'est avec Châtelet, récemment fait comte, nanti de la promesse d'une préfecture, qu'il se rend au Ministère pour recevoir l'ordonnance convoitée.

---

1. Titre donné par Balzac à un chapitre d'*Illusions perdues*. Édition d'A. Adam (Garnier).

On la lui exhibe, déchirée. A cause des articles contre le garde des Sceaux, lui affirme-t-on. Il est atterré. Il ignore que cette ordonnance n'a jamais été qu'un leurre destiné à le perdre. Au sortir du Ministère, il voit dans les cabinets de lecture que son livre a paru sans qu'il en soit même informé, sans que la presse en parle. Pour surcroît de douleur, Michel Chrestien, membre du Cénacle, le provoque en duel afin de venger d'Arthez, que la presse gouvernementale traîne dans la boue. Blessé, Lucien est soigné avec dévouement par Coralie.

- *La défaite* (p. 463 à 473)

L'argent manque. Les éditeurs du roman de Lucien ont fait faillite. Les huissiers harcèlent le couple. Et si Coralie obtient de son ancien amant, fort riche, la fin des poursuites, elle semble minée par un chagrin secret. Elle tombe à nouveau malade. Ni elle ni Lucien ne travaillent. Le ménage sombre dans la détresse absolue. Alors Lucien, à bout, fait des billets qu'il signe de la signature de David Séchard. Avec l'argent, il règle les dettes. Il ne lui reste plus rien.

Coralie meurt, réconciliée avec l'Église. Pour payer l'enterrement, Lucien, lors de la veillée funèbre, écrit des chansons grivoises. Le Cénacle, à l'exception de Michel Chrestien, vient au cimetière du Père-Lachaise. Lucien est vaincu. Il vend sa garde-robe et n'en tire pas le prix du trajet en diligence qui le ramènerait à Angoulême. Cet argent, il le joue et le perd. Quand il veut se pendre, la servante de Coralie l'en empêche. Elle gagne de quoi payer le départ de Lucien en se prostituant.

LES SOUFFRANCES DE L'INVENTEUR

- *Retour en Angoumois* (p. 477 à 483)

Lucien rejoint l'Angoumois moitié à pied moitié par des moyens de fortune. L'ironie du sort veut que la voiture à laquelle il s'accroche un moment soit précisément celle qui ramène à Angoulême Châtelet, devenu préfet de la

Charente, et Mme de Bargeton, à présent mariés. Recueilli par un paysan, Lucien apprend les malheurs qui accablent sa sœur et son beau-frère David Séchard.

● *Retour en arrière* (p. 483 à 571)

Le lecteur découvre, par un retour en arrière, quelle a été la situation du couple tandis que Lucien menait son aventure parisienne. Comme David ne se consacre qu'à son invention, Ève, malgré sa grossesse, prend en main les affaires de l'imprimerie. Elle se lance dans de petites spéculations. Les propriétaires de l'imprimerie concurrente, les frères Cointet, en dépit de leurs affaires florissantes, s'inquiètent de cette activité. Ils se trouvent un espion en la personne de Cérizet, jeune apprenti travaillant pour David. Ève, qui a des soupçons, rétorque qu'elle va mettre en vente l'imprimerie : la famille vivra de l'argent obtenu. Elle sait que les Cointet redoutent l'arrivée d'un imprimeur entreprenant. De fait, pour éviter cela, ils offrent à Cérizet de quoi prendre l'imprimerie en gérance. Ève accepte. Le montant du bail permettra aux Séchard de vivre en attendant le succès des travaux de David. Mais celui-ci, au cours d'une discussion qu'il a avec ses concurrents, laisse échapper qu'il cherche la réduction des coûts de fabrication du papier. Les Cointet décident de s'approprier le secret. La lutte commence.

Lorsque arrive le premier billet signé par Lucien de la signature de son beau-frère, David et Ève ont pris l'habitude du revenu que leur donne la location de l'imprimerie. Ils comptent pour le payer sur le renouvellement du bail. Mais les Cointet veulent réduire David à leur merci : ils donnent l'ordre à Cérizet de ne pas renouveler le bail. L'ancien apprenti les informe de la réussite des recherches qu'effectue l'inventeur. Il n'est pas le seul à le faire : le père Séchard, craignant de perdre de l'argent à cause de son fils, agit de même. Les Cointet mettent dans leur jeu un avoué ambitieux, Petit-Claud, en lui faisant miroiter un mariage dans l'aristocratie et une ascension rapide. Cet homme feint de conseiller David. Il le lance dans des raffinements de procédure ruineux, alors qu'il est déjà à court d'argent. Rapidement, l'inventeur, qui doit des sommes énormes, risque l'emprisonnement pour dettes. Il est contraint de se cacher tandis que le mariage de Petit-Claud s'apprête.

● *Les efforts de Lucien* (p. 572 à 639)

Sur ces entrefaites, Lucien, assuré du pardon de sa famille, revient à Angoulême. Il est vexé de la réserve de sa mère et de sa sœur. Celles-ci n'ont plus guère d'estime pour lui : elles ne veulent même pas lui dire où se cache David. Il trouve du réconfort dans l'accueil que lui fait la ville. Il est fêté, invité, flatté pour sa réussite littéraire. Il ne se doute pas qu'il doit ce prétendu triomphe à l'activité de Petit-Claud. L'avoué compte se servir de Lucien pour atteindre David. Il est même en collusion avec Mme de Bargeton, devenue comtesse du Châtelet, pour occasionner la perte du poète. Celui-ci, retrouvant toute sa superbe, décide de régler les affaires de son beau-frère. Il essaie d'y parvenir lors de la signature du contrat de mariage de Petit-Claud, car il rencontre à cette occasion Mme du Châtelet. Vivement, il la reconquiert. Il la convainc qu'elle doit pousser son mari, le préfet, à soutenir un inventeur. Il semble près de sauver David.

Enivré par sa réussite, il écrit une lettre à David pour lui annoncer que tout s'arrange. Mais Petit-Claud et Cérizet s'allient. Un faux de la main de Cérizet, imitant l'écriture de Lucien, enjoint à David de sortir de sa cachette et de se rendre chez le préfet. Alors qu'Ève et Lucien, persuadés qu'ils sont sortis d'affaire, se promènent tranquillement, ils remarquent un attroupement. C'est David qu'on arrête. Il leur dit qu'il est sorti à cause de la lettre de Lucien.

Ce dernier est atterré. Il se sent poursuivi par la fatalité. Il décide de se tuer. Il veut se noyer et cherche par coquetterie un endroit où l'on ne risquera pas de retrouver son corps. Sur sa route, il rencontre un voyageur, un prêtre espagnol à ce qu'il dit, qui le dissuade de se suicider et lui promet réussite et fortune - par des voies qu'on devine immorales. Cet homme lui donne les douze mille francs qui doivent sauver David.

- *La capitulation de David et d'Ève* (p. 639 à la fin)

Ève qui s'aperçoit que Lucien a disparu est folle d'inquiétude, elle le croit mort. Lorsque Petit-Claud lui soumet un projet de conciliation avec les Cointet, elle y consent, à bout de forces. Quant à David, qui a passé une nuit en prison, qui a réfléchi à l'argent qu'il faudrait pour le brevet de l'invention, il est lui aussi prêt à capituler. Les Cointet sortent donc David de prison en réglant ses dettes. Si, au bout de six mois, David parvient à des résultats satisfaisants, trente pour cent des revenus de l'invention lui reviendront. L'argent qu'envoie Lucien arrive trop tard ; tout est déjà signé.

Au bout des six mois, les Cointet parviennent à ce que l'expérience de David ait l'air d'avoir échoué. Ils insistent sur une technique que l'inventeur ne peut obtenir. En réalité, cette technique ne les intéresse pas, car ils ont pris, grâce au faible coût du papier permis par l'invention, le monopole des fournitures dont ont besoin les journaux de Paris. Les deux frères persuadent David qu'il dépense des sommes fabuleuses avec ses expériences. Il les croit. Il capitule, honteux. Il est complètement dépouillé de son invention, qui enrichit les Cointet à millions. Que lui importe ? Il vit décemment avec sa femme et son enfant. À la mort du père Séchard, il hérite d'une petite fortune. Il est heureux.

Quant aux aventures de Lucien, elles font l'objet d'un autre roman, *Splendeurs et Misères des courtisanes*.

DES GROUPES DE PERSONNAGES

Les personnages secondaires prolifèrent dans *Illusions perdues*. Ils sont rarement isolés, se rattachant à des groupes, sociaux ou professionnels. Chacun d'entre eux se définit, psychologiquement, voire physiquement, par la place exacte qu'il occupe dans la société et le rôle qu'il y joue. Mentionnons le groupe des prêteurs d'argent ; le groupe des courtisanes, comédiennes comme Florine, danseuses comme Tullia, « lorettes » (femmes de mœurs légères - le mot vient du quartier de Notre-Dame de Lorette) comme Suzanne du Val-Noble ; le groupe des éditeurs, avec Doguereau, l'éditeur à l'ancienne, Vidal et Porchon qui assurent ce qu'on appelle aujourd'hui la distribution (la mise en place des livres chez les libraires), Dauriat, étincelant d'assurance, lâchant d'insolentes proclamations...

Parmi ces groupes, deux retiennent tout particulièrement l'attention, celui des journalistes et celui de la noblesse.

● *Les journalistes*

Ils sont tous vivement individualisés. Finot, le directeur de journal, se caractérise par son arrivisme froid : « ... je suis fils d'un chapelier qui vend encore des chapeaux rue du Coq. Il n'y a qu'une révolution qui puisse me faire arriver ; et, faute d'un bouleversement social, je dois avoir des millions » (p. 297). Lousteau exprime le désenchantement, la plainte d'un jeune homme autrefois pur mais aussi la jovialité lourde de l'homme qui gaspille ses talents dans des travaux éphémères. Brillant, paresseux, déjà lancé et cynique, Blondet fraie avec le grand monde. Félicien Vernou, lui, mal marié, rongé par la haine et l'envie, déverse des flots de méchancetés.

Malgré les jalousies et les tensions, ces journalistes forment un groupe compact, plein de connivences, difficile à pénétrer comme le montrent les premières tentatives de Lucien de Rubempré. Libéraux ou légitimistes[1], dans la presse du pouvoir ou dans celle de l'opposition, ils se connaissent, se retrouvent au foyer des théâtres ou dans des soupers fins, et se ménagent.

● Les nobles

- En province. La noblesse d'Angoulême est petite et ridicule. Le texte convie le lecteur à s'en moquer. Ce ne sont que personnages nuls, « mécaniques ». Les femmes s'épient et s'envient. Les hommes feignent l'activité ; Astolphe de Saintot n'a pas écrit en dix ans « deux pages » du livre auquel il est censé travailler... Et l'ensemble bruisse du secret de vieilles liaisons et de ménages à trois.
- A Paris. Des jeunes gens pleins d'aisance, beaux et riches, d'une élégance parfaite de ton et de tenue, capables de profondes roueries, forment le cercle enchanté de la noblesse. Ils s'appellent de Marsay, Ronquerolles, Rastignac, Rhétoré, et leurs noms seuls, répétés tout au long de *la Comédie humaine*, évoquent les arrogances du rang et de redoutables connivences. D'un coup d'œil, ils savent sonder un être. Ils éblouissent avec leurs mots d'esprit. Leur mépris est terrible. Ils mènent une vie oisive, réduits qu'ils sont à se comporter en « viveurs » par la Restauration qui n'emploie pas sa jeunesse : « ... elle voulait une place, et la politique ne lui en faisait nulle part » (p. 411).

---

1. Voir ci-dessus *Repères historiques*.

Mme d'Espard est la femme type de ce groupe. Belle, gracieuse, elle est subtile, immorale et capable de vengeances compliquées - c'est elle qui berne Lucien, et si elle aide Mme de Bargeton, elle ne le fait qu'à la suite d'un calcul, pour effacer aux yeux du monde la lutte qu'elle mène contre son mari. L'histoire de cette lutte est racontée dans la nouvelle de Balzac, *l'Interdiction*.

Au faîte de la hiérarchie sociale, lié au pouvoir politique, ce groupe est puissant. Il manipule les autres - y compris celui des journalistes. Une peinture si éclatante traduit la fascination qu'exercent sous la Restauration un grand nom, une famille noble : la noblesse tient encore le pouvoir et modèle la société. Qu'on se souvienne de la violente phrase de Finot : ce n'est qu'avec bien des difficultés que les roturiers tentent, à coups de génie ou de millions, de se hisser au sommet de la société.

DES FEMMES, DES AMOUREUSES

● *La femme aux deux visages : Mme de Bargeton, la fausse initiatrice, la fausse amoureuse*

Qu'elle emprunte son enfance libre et virile à George Sand, certaines tirades à la *Dilecta*, et ses cheveux roux à Mme de Castries, importe peu : nous nous attacherons surtout à montrer pourquoi Mme de Bargeton en vient à jouer un rôle néfaste dans la vie de Lucien.

Fort noble, mal mariée à un vieillard, femme supérieure, femme passionnée, Mme de Bargeton a atteint l'âge de trente-six ans lorsqu'elle s'éprend de la beauté et du talent de ce poète de vingt ans. Elle croit à son génie, lui ouvre les portes de son salon, le plus brillant de la ville, et lui prodigue les conseils. A ce stade, elle pourrait rappeler Mme de Mortsauf, la belle et bonne héroïne du *Lys dans la vallée*, chastement amoureuse d'un jeune homme qu'elle aide grâce à sa connaissance du monde. Il n'en est rien.

Le portrait physique qui est fait d'elle est plein de réticences : « son front déjà ridé... De ses doigts effilés et soignés, mais un peu secs... » (p. 73). Elle est chargée des ridicules auxquels n'échappe pas, selon Balzac, la femme de province, fût-elle supérieure (« Comme tous ceux qui se laissent adorer par des courtisans quelconques, elle trônait avec ses défauts », p. 66). Et elle est auprès de Lucien la voix du reniement, reniement de ses convictions libérales, reniement du nom bourgeois de son père au profit du nom noble de sa mère, reniement des siens. Lorsqu'elle l'entraîne à Paris à sa suite, il est significatif qu'elle lui ôte la possibilité d'assister au mariage de sa sœur avec son meilleur ami.

Elle fait miroiter devant Lucien ébloui un avenir glorieux qu'elle se charge de favoriser. En a-t-elle réellement la possibilité ? Dans la deuxième partie du roman, ses défaillances éclatent au grand jour. Elle ne peut être initiatrice puisqu'elle-même a besoin d'aide et de soutien. Elle qui jouait de l'ambition de Lucien, elle veut accéder à la grande noblesse parisienne. Pour y parvenir, elle n'hésite pas à se débarrasser de ce garçon encombrant et mal élevé. Ce qui ne l'empêche pas, lorsque Lucien a réussi, d'être mécontente de ce qu'il ne l'aime plus et de devenir sa virulente ennemie, acharnée à lui nuire. Loin de lui donner ce bel avenir dont elle lui parlait autrefois, elle le lui ôte brutalement. L'initiatrice se métamorphose en ennemie cruelle, et les promesses se révèlent des leurres.

Si Mme de Bargeton est une fausse initiatrice, c'est qu'elle n'aime pas vraiment. Elle n'aime pas Lucien, mais le génie qu'elle lui reconnaît et la beauté qui la captive. Quoi d'étonnant à ce qu'elle l'abandonne à Paris, alors qu'il se montre provincial, naïf et vulgairement vêtu ? Elle le renie obscur et pauvre. Qu'il réapparaisse habillé avec élégance et lancé dans le monde du journalisme, elle le regardera à nouveau avec convoitise. S'il la bafoue, elle le haïra.

Elle n'a avec lui qu'une relation platonique, mais ce n'est pas par vertu. Les mœurs de province justifient une telle sagesse : il y est impossible de s'isoler. La cause profonde est peut-être sa sécheresse de cœur.

A la fin du roman, elle a réussi son ascension. Elle est devenue comtesse du Châtelet, préfète. Son séjour à Paris a fait d'elle une femme du grand monde accomplie et les satisfactions du mariage l'ont embellie. Elle n'en a pas moins au cœur une certaine frustration : elle est bien prête à céder au charme conquérant que Lucien déploie à nouveau pour la séduire...

● *La femme loyale : Ève Séchard*

Belle d'une beauté sérieuse, sculpturale, Ève semble dans un premier temps un obstacle à la réussite de son mari. S'il est propriétaire d'une imprimerie, elle est si pauvre qu'elle a dû travailler comme ouvrière dans une blanchisserie. Au début du mariage, elle est involontairement l'occasion de dépenses qui écornent encore un peu plus la situation financière de David. En aidant son frère en difficulté à Paris, elle appauvrit le ménage. Tout cela n'est qu'apparences. Par son caractère posé, solide, Ève devient l'auxiliaire de son mari.

Aimante, loyale, douée d'un esprit réaliste, capable d'affronter les difficultés, elle sait le seconder. Mieux, elle est femme d'action, femme de décision. Seule, en dépit d'une grossesse, elle remet en marche l'imprimerie, elle conçoit des spéculations modestes qui apportent un peu d'argent au ménage. Elle a la force de résister aux pressions des ennemis de son mari et lorsqu'il faut que celui-ci se cache pour échapper à ses créanciers, elle lui trouve un lieu sûr. Quand il se retire à la campagne, elle est auprès de lui la voix du bon sens. Enfin, elle sait s'occuper de la gestion de leurs biens (« Bien conseillée par le vieux Séchard, Ève avait acheté, précisément en avant des vignes de son beau-père, une maison... », p. 660).

Si Mme de Bargeton promet beaucoup et ne tient rien, Ève, à l'inverse, n'offrant rien, donne tout.

● *La femme sacrifiée : Coralie*

Très jeune, pleine de grâce et d'une beauté orientale, Coralie est une artiste sensible : elle connaît au théâtre d'éclatants succès. Quand elle rencontre Lucien, elle a déjà beaucoup souffert. Elle a été vendue - au sens propre - par sa mère à un jeune homme pervers (p. 306) et subit ensuite la protection d'un riche négociant dont elle est la folie. Elle vit alors dans le luxe et la dissipation. Par amour pour Lucien, elle perd tout. Leur première rencontre est significative de ce que va être leur relation. Cette passion naissante la trouble si fort qu'elle en oublie son rôle (p. 298). Lorsqu'elle ramène chez elle le jeune homme, celui-ci, qui a beaucoup bu, est « ignoblement malade » (p. 327). Enfin, elle s'affirme prête à partager sa pauvreté. Tout cela est repris, amplifié, par leur histoire. A cause des ennemis de Lucien, sa carrière de comédienne va être compromise en dépit de son talent ; elle va soigner Lucien blessé en duel ; elle va abandonner son protecteur et vivre aux côtés de son amant dans les difficultés financières, quittant son bel appartement pour des logis de plus en plus sommaires. Et elle mourra, usée et meurtrie par son amour.

Coralie joue un rôle ambigu dans la vie de Lucien. Un instant, elle est comme le signe de sa réussite. Jeune journaliste triomphant, il arbore à son bras cette belle comédienne. Elle l'introduit dans un univers de luxe, le couvre de cadeaux somptueux, l'emmène parader dans la belle voiture que lui a offerte le riche négociant. Elle lui donne aussi son amour et le comble. Mais, très vite, tout change. Elle en vient malgré elle à gêner la carrière de celui qu'elle aime. Sans éducation, douée de plus d'intuition que d'intelligence, elle ne peut conseiller Lucien et lui révéler le monde qu'elle ignore. Elle le pousse à abandonner ses amis du Cénacle, qu'elle appelle des « jobards ». Par sa seule présence, elle l'empêche de se réconcilier avec Mme de Bargeton quand celle-ci le souhaite ardemment. Elle le compromet aux yeux des jeunes gens du monde lorsqu'il les reçoit chez elle.

Il faut bien le comprendre, une comédienne, au XIXe siècle, n'est pas considérée autrement que comme une prostituée. Elle subit un terrible opprobre. Coralie, quel que soit le jugement que l'on peut porter de nos jours sur ce joli, naïf et généreux personnage, est dans le roman une femme déchue. Elle aurait pourtant pu être sauvée par l'amour. C'est ce qu'impliquent les paroles d'un jeune homme intègre, membre du Cénacle : « ... si j'aimais une pareille femme, elle quitterait le théâtre, et je la purifierais par mon amour » (p. 339). Aux yeux du XIXe siècle, une comédienne ne peut connaître le salut que si elle quitte les planches et se cloître dans un amour unique. Qu'on se souvienne de Juliette Drouet, charmante actrice, dont Victor Hugo fit sa maîtresse et qu'il « régénéra » par sa passion... Mais l'amour de Lucien n'est pas si grand. Tolérant le théâtre, il tolère la corruption que celui-ci implique à l'époque ; il ne permet pas à Coralie de se racheter et il est en retour - dans la logique du roman - corrompu par elle. Bref, femme amoureuse, femme douloureuse, femme sacrifiée, Coralie est aussi l'une des raisons de l'échec de Lucien.

Le roman ne lui laisse qu'une issue : la mort. Réconciliée avec l'Église, en proie à un repentir sincère, elle meurt en prononçant le nom de Dieu, pacifiée, rendue à la ressemblance des « jeunes filles » (p. 469).

Si Ève et Coralie trouvent grâce dans le roman à cause de leurs sacrifices et de leur dévouement, Mme de Bargeton, intelligente, ambitieuse, apparaît comme un personnage négatif, quoique le jugement ne soit jamais si brutalement rendu... C'est dire si le texte et la société du temps laissent peu de latitude aux femmes. Hors l'amour total, point de salut.

DES HOMMES, DES AMBITIEUX

Si les femmes se définissent par l'amour dans *Illusions perdues*, les hommes, eux, agissent par appétit du pouvoir, du succès, de la fortune et des honneurs. Ils sont tout entiers tendus vers l'ascension sociale. Tous, même les plus purs, les plus désintéressés, les plus détachés des mirages de la société.

● Les ambitieux vertueux

- *Le Cénacle*[1]. Il s'agit, rappelons-le, d'un groupe composé de jeunes gens vivant dans une austère misère. S'ils sont ambitieux, c'est pour répandre leurs idées et faire de belles œuvres. Ils travaillent avec ardeur, préparant leurs futurs succès. Au moment où Lucien les rencontre, ils n'en sont qu'à leurs débuts. Bianchon est encore étudiant en médecine. D'Arthez travaille à son livre. Joseph Bridau n'est qu'un jeune peintre prometteur. Et il en va de même pour les autres. Mais quand le roman les présente, il affirme leur réussite à venir. Et si certains d'entre eux sont voués à l'obscurité et à la mort, le texte les crédite de « l'immense portée de leur savoir et de leur génie ».

Amicaux, généreux, ils accueillent Lucien parmi eux ; ils le soutiennent, le conseillent, l'aident lorsqu'il n'a plus d'argent ; ils le voient avec tristesse s'éloigner d'eux et de la vertu et lui pardonnent à la mort de Coralie, reconnaissant sa faiblesse profonde et ses souffrances.

Ce groupe de personnages, tous unis malgré leurs profondes différences - d'origine sociale, d'opinion politique, d'activité - est la trace d'une des obsessions de Balzac, les amis qui s'entraident et assurent la réussite de chacun d'entre eux.

- *David Séchard*. Avec sa grandiose laideur de Silène, ses beaux yeux pleins de feu, son encolure robuste et son torse puissant, ce personnage a le physique même de Balzac qui s'est peint en lui généreux, inventif, capable de découvertes immenses.

David a choisi de s'élever dans la société grâce à la fortune. Il travaille avec fougue à une invention qui devrait l'enrichir. Il parvient à son but, patiemment, en solitaire. Mais il ne peut profiter du fruit de son labeur. Acculé par les difficultés financières, cerné par ses ennemis, il abandonne à d'autres les gigantesques bénéfices que permet sa découverte. Il choisit la médiocrité, la tranquillité modeste, la retraite à la campagne. C'est le seul personnage du livre qui renonce à la lutte. La

1. Voir note 1, p. 20.

fortune de son père, dont il hérite, le met à l'abri du besoin et lui permet de mener une vie de gentilhomme campagnard.

Ami de Lucien, il encourt à cause de lui la prison pour dettes et, pourtant, il n'émet pas une plainte. S'il désire la fortune, c'est pour assurer le bonheur des siens. L'ambition, chez lui, est transfigurée par l'altruisme.

● *Les ambitieux sans foi ni loi*

- *Trois exemples.* Le monde du journalisme est plein de combinaisons louches, d'ambitions débridées, de trahisons qui mènent à des ascensions : que l'on pense à Finot trahissant Lucien ; à Blondet qui bénéficie des appuis de sa maîtresse, une femme du monde ; à la rancœur de Lousteau vis-à-vis de Lucien. Pourtant, les trois exemples sur lesquels nous nous attarderons quelque peu ne relèvent pas de ce monde. Car l'ambition sans principes n'épargne pas la vie feutrée de la province. L'ascension des Cointet et celle de Petit-Claud le démontrent.

Les Cointet tiennent à Angoulême l'imprimerie rivale de celle de David Séchard. L'un grand et sec, l'autre rond, ils se partagent les rôles avec duplicité. L'un joue les catholiques fervents et s'attire la sympathie de l'Évêché, tout-puissant sous la Restauration, tandis que l'autre courtise les libéraux et se pique d'anticléricalisme (p. 499). Ils font ainsi prospérer leur entreprise. Pour arracher à David Séchard le secret de son invention, ils utilisent les moyens les plus bas, l'espionnage, le mensonge, les ressources d'une législation mal conçue pour défendre les droits des pauvres. Ils s'enrichissent à millions et l'un d'eux, sous la Monarchie de Juillet, finit par jouer un rôle politique (« député », « ministre », p. 663). Leur fortune et leur succès reposent pourtant sur un vol légal.

Petit-Claud, en trompant David et Ève, en les lançant dans des démarches judiciaires coûteuses, en appuyant le faux que commet un jeune apprenti, s'acquiert leur reconnaissance. Cet avoué, grâce à un mariage avec une enfant naturelle issue de l'aristocratie, fera une belle carrière dans la magistrature.

Le cas de Châtelet est plus subtil. *Illusions perdues* raconte son passé de jeune opportuniste, charmeur d'altesses impériales, qui a su éviter les champs de bataille de l'Empire et gagner le titre de baron, combinant la lâcheté et la réussite par les femmes. Vieilli, il se retrouve à Angoulême, avec ses favoris teints et sa séduction émoussée. Sa finesse d'analyse, son aptitude à l'intrigue et la chance vont assurer sa réussite. Lui qui convoitait Mme de Bargeton, usurpait la particule, voulait une carrière dans l'administration, il se retrouve à la fin du roman marié avec cette femme, comte du Châtelet de par le roi, préfet de la Charente. Et tout cela, il le doit, en partie, aux attaques virulentes que Lucien, journaliste, a lancées contre lui - ces attaques lui valant l'appui du parti au pouvoir. Sa carrière se déroule à l'inverse de celle du jeune homme. Celui-ci réussit-il, Châtelet est au plus bas. Échoue-t-il, Châtelet domine.

- *Le théoricien de l'ambition*. Du cœur de la nuit, à la fin d'*Illusions perdues*, surgit un étrange voyageur, jésuite espagnol à ce qu'il dit, homme athlétique qui fume le cigare, parle des dessous de l'histoire, et vient proposer à Lucien au bord du suicide un étrange pacte. Cet homme qui prétend s'appeler Carlos Herrera, c'est Vautrin, le forçat évadé, l'homme de la pègre, l'assassin qui se lance à l'assaut de la société. Dans *le Père Goriot*, il tentait de séduire Eugène de Rastignac. Il offre à présent ses services à Lucien. *Splendeurs et Misères des courtisanes* dévoilera son identité.

Le discours qu'il tient à Lucien, tout semé d'anecdotes, met à nu la société : « Il y a deux Histoires : l'Histoire officielle (...) ; puis l'Histoire secrète, où sont les véritables causes des événements, une histoire honteuse » (p. 625). « Votre Société n'adore plus le vrai Dieu, mais le Veau-d'Or ! Telle est la religion de votre Charte, qui ne tient plus compte, en politique, que de la propriété. N'est-ce pas dire à tous les sujets : Tâchez d'être riches ?... » (p. 631). Il érige la trahison en dogme et l'hypocrisie en nécessité. Il exhibe l'immoralité du temps et se fait le théoricien d'une ambition sans foi ni loi, ne reculant devant rien.

● *L'ambitieux sans constance : Lucien*

Lucien est blond, avec un visage suave, de petites mains, des pieds cambrés : il possède une beauté aristocratique qu'il doit à sa mère, demoiselle noble. Il est doué d'un esprit brillant, d'une sensibilité à fleur de peau, d'une intelligence nette et d'un égoïsme certain. Souvent au bord du désespoir, il aspire à la mort par trois fois au cours du roman : la misère l'aurait jeté à quelque extrémité si David Séchard ne lui avait proposé de l'employer dans son imprimerie ; il va se pendre avec le châle de Coralie quand une servante l'en empêche ; il court se noyer lorsqu'il rencontre Vautrin. En effet, il veut tout. Pauvre, il convoite la fortune. Inconnu, il se rêve célèbre. Roturier, il désire être noble.

- *La trajectoire de Lucien.* Deux voies s'ouvrent à lui : la voie lente et sûre du travail et de la vertu, que lui présentent le Cénacle et David Séchard ; la voie rapide et immorale de la réussite par les femmes (Mme de Bargeton) et par le journalisme (Lousteau). Chacune de ces voies, il les choisit tour à tour. A Angoulême, il essaie de se faire reconnaître comme poète et compte sur l'amour de Mme de Bargeton pour favoriser son ascension. A Paris, il s'établit des programmes successifs. Il veut tour à tour réussir dans le grand monde grâce à Mme de Bargeton ; développer son talent littéraire (la période du Quartier latin) ; percer dans le journalisme et acquérir du pouvoir ; enfin légaliser son nom de Rubempré et contracter un riche mariage.

Il échoue pitoyablement. Au terme de son aventure parisienne, il est réduit à de petits travaux journalistiques ; il n'a toujours pas le droit d'utiliser le nom de Rubempré ; il est couvert de dettes au point qu'il n'a pas de quoi payer la diligence qui le ramènerait à Angoulême ; il a perdu la femme qu'il aimait. Comme si l'échec parisien ne suffisait pas, il est redoublé par l'échec en province. Désireux de servir son beau-frère, il se trouve être l'artisan indirect de sa perte. Seule l'arrivée de Vautrin en faux prêtre espagnol le sauve du suicide.

- *Les causes de l'échec.* Pourquoi cet échec ? Selon Vautrin, il n'a pas « rapporté tous (ses) vouloirs, toutes (ses) actions à une idée » (p. 628). Il est allé d'un projet à l'autre sans en mener à bout aucun. Il ne s'est pas montré suffisamment vertueux, reniant le nom de son père, trahissant sa famille, dépouillant son meilleur ami. Il ne s'est pas montré suffisamment opportuniste, ne sachant pas sacrifier Coralie à Mme de Bargeton. Vaniteux, il n'a pas su déceler les pièges qu'on lui tendait. Parce qu'il a manqué de persévérance et de clairvoyance, il a déployé en vain des prodiges d'immoralité.

Car Lucien est instable et passif, la proie du découragement rapide, suivant les suggestions de l'instant. C'est Mme de Bargeton qui l'enlève, c'est Coralie qui l'entraîne dans sa voiture. D'un seul mot, un duc le convainc de renoncer à ses amis du parti libéral. Une flatterie le retourne et lui fait voir un ami là où se dissimule un ennemi. Une conversation, la nuit, sur la route de Paris, avec un étrange personnage, lui suffit à engager les années à venir.

Il est aussi l'homme de la dilapidation. Il dépense en quelques jours l'argent prévu pour durer un an. Il est saisi par le goût du jeu et perd des sommes importantes. Mais il ne gaspille pas seulement l'argent. Jetant tous ses feux dans des articles sans lendemain, il dilapide sa substance même.

Noble par sa mère - mais d'une noblesse déchue, tombée dans la roture, puisque, rappelons-le, sa mère garde des femmes en couches pour survivre -, il est roturier par son père, inventeur fécond, mort au bord de la fortune en laissant sa famille dans la misère. Son éducation, excellente, lui rend plus sensibles encore les souffrances de la pauvreté. Chardon par son père, il tente d'utiliser Rubempré, le nom de sa mère : or ce nom, qui devrait lui assurer le succès, est à l'origine de terribles déconvenues ; on lui jette à la figure la déchéance de sa mère (lors de la scène de l'Opéra, p. 195 sq.). Nulle part, dans son ascendance, il ne trouve de secours et de sécurité. Il est l'homme du déséquilibre, pâte molle livrée aux événements, ne sachant ce qu'il est.

C'est d'ailleurs ce qui le distingue d'un autre héros balzacien, dont il est fort proche, Eugène de Rastignac *(le Père Goriot)*. Rastignac, lui aussi, égoïste et sans trop de scrupules, issu d'une famille sans fortune, se jette dans la mêlée de Paris. Lui aussi convoite les femmes du monde, les beaux costumes, les voitures luxueuses. Lui aussi, alors qu'il est saisi par le découragement, rencontre la persuasion cynique de Vautrin et ses terribles promesses. Mais Rastignac, lui, peut compter sur son nom, que personne ne conteste, et des liens de parenté lui ouvrent les portes du grand monde. Il n'a pas à jouer le double jeu de la noblesse et du mérite : sa noblesse est assurée.

Ainsi, révolté, obsédé par le désir d'argent et de pouvoir, Lucien n'a pas les moyens, finalement, de sa volonté de conquête. Les faiblesses de son caractère, passivité, versatilité, vanité, viennent redoubler l'incertitude de sa position sociale. Et son aventure met à nu les ambiguïtés de la société de la Restauration. Il y faut être noble pour réussir - comme sous l'Ancien Régime. Mais d'autres valeurs ont surgi, l'argent, le génie.

5

La province et Paris dans *Illusions perdues*

La Comédie humaine de Balzac ne cesse d'opposer Paris à la province. En témoignent des titres regroupant des œuvres, tels que *Scènes de la vie de province* et *Scènes de la vie parisienne*. Cette opposition se retrouve dans *Illusions perdues*. La partie centrale se déroule à Paris, tandis que dans les deux autres l'action se situe à Angoulême, préfecture de la Charente.

LA PROVINCE

La ville d'Angoulême, avec son faubourg de l'Houmeau, représente la province dans le roman. D'autres bourgs des alentours figurent aussi, Ruffec et Mansle sur la route de Paris, et le village de Marsac où vont vivre certains personnages.

• *La campagne*

On se rend à la campagne pour des plaisirs innocents, peu onéreux, en famille : « Ils allaient se promener dans les bois qui avoisinent Angoulême et longent la Charente ; ils dînaient sur l'herbe avec des provisions » (p. 143). On va dans la nature pour se parler intimement : Ève et David s'avouent leur amour au cours d'une promenade nocturne sur les bords de la Charente. Et c'est à la campagne qu'ils se réfugient, ayant renoncé à toute ambition, afin de retrouver le bonheur. Pourtant la campagne n'est pas absolument épargnée par les problèmes de l'ambition et de la cupidité. N'oublions pas que le père Séchard y accroît sa fortune en s'occupant de ses vignobles.

- ● *La ville*

Angoulême et son faubourg s'opposent. D'un côté, la vieille ville noble, enfermée dans ses remparts qui « l'ont condamnée à la plus funeste immobilité » (p. 56). De l'autre, le faubourg de l'Houmeau, placé là où est le mouvement, le long de la « route de Paris à Bordeaux » (p. 57), « ville industrieuse et riche » *(ibid.)*. « En haut la Noblesse et le Pouvoir, en bas le Commerce et l'Argent » *(ibid.)*. Du haut de leurs salons vieillots, de leurs vies recroquevillées et sans éclat, les nobles d'Angoulême considèrent les actifs habitants de l'Houmeau, lancés dans l'industrie et la création de biens, comme des « paria (s) » (p. 58). Ils ignorent le passage du temps, la terrible secousse de la Révolution et campent sur leurs positions de morgue aristocratique. Ils rendent infranchissable la distance qui sépare l'Houmeau de la ville.

Car en province tout se fige, tout se durcit. La vie politique voit se dresser deux partis antagonistes, d'un côté les libéraux antigouvernementaux, anticléricaux, de l'autre les royalistes. Entre les deux, point de salut : « … les commerçants de province devaient professer une opinion afin d'avoir des chalands, car il fallait opter entre la pratique des Libéraux et celle des Royalistes » (p. 43).

PARIS

« On apprend plus de choses en conversant au café, au théâtre pendant une demi-heure qu'en province en dix ans », écrit Lucien à propos de la capitale.

- ● *La richesse de Paris*

Il y avait à Angoulême deux imprimeries rivales ; à Paris, de nombreux éditeurs, Vidal et Porchon, Dauriat, Doguereau, d'autres encore, se partagent le marché du livre. Une seule femme à l'esprit original dominait l'aristocratie d'Angoulême ; les femmes charmantes et bien nées tenant salon sont fort nombreuses à Paris. Un seul beau jeune homme forçait les portes de la haute société ; ils sont des milliers à courir après la gloire et la fortune. Et Paris étale son luxe, éblouit par son opulence, offre le défilé de ses habitants au regard de l'observateur. Ce sont les lieux à la mode, les Champs-Élysées où l'on va se montrer, les Boulevards, les nombreux théâtres qui voient la naissance de pièces nouvelles.

- ### *Le mouvement de Paris*

Tout y est changement incessant. La mode vestimentaire n'en finit pas d'évoluer, expression de la course folle du temps dans la capitale : « Le poète aux émotions vives, au regard pénétrant (Lucien), reconnut la laideur de sa défroque, les défectuosités qui frappaient de ridicule son habit dont la coupe était passée de mode... » (p. 182). Aussi les provinciaux qui s'y rendent sont-ils métamorphosés : leurs sentiments leur apparaissent sous un jour nouveau. Mme de Bargeton et Lucien, qui se sont aimés en province, se déprennent l'un de l'autre en se voyant mutuellement si provinciaux, affublés de manière bizarre, de vêtements « inexplicables » au regard de l'élégance parisienne. Quant à leur allure, elle aussi se tranforme, s'affinant et se polissant grâce à la vie de Paris. Mme de Bargeton se corrige des ridicules que lui avait donnés un trop long séjour en province, tandis que Lucien acquiert l'assurance et l'élégance des jeunes gens à la mode les plus en vue. Tout bouge à Paris, même les positions sociales. Il est possible de s'élever, de faire fortune. *Un grand homme de province à Paris*, la deuxième partie du roman, nous montre la capitale en proie à un vertige d'ascension. Ce sont les Lousteau, les Finot, les Blondet, les jeunes ambitieux qui se lancent à l'assaut du grand monde et du pouvoir.

Paris est multiple, brillant, sans cesse en mouvement. La province était immobile, secrète, figée dans des antagonismes dépassés. On voit à quel point ces deux lieux apparaissent violemment contrastés dans le roman.

Les mouvements entre la province et la capitale sont pourtant nombreux. On va à Paris pour acquérir une formation. Ainsi, David, naguère, a-t-il fait son apprentissage chez les plus grands imprimeurs. On s'y rend pour confirmer une gloire provinciale. Lucien espère faire reconnaître son mérite par le public avisé de la capitale. Devenu millionnaire en sa province, l'un des frères Cointet atteint la consécration d'une carrière parisienne. D'abord député, il est appelé au gouvernement sous la Monarchie de Juillet.

On quitte la capitale pour la province. C'est quelquefois parce qu'on a essuyé un échec. Châtelet ronge son frein à Angoulême pour faire oublier son attachement au régime précédent, l'Empire. Lucien, ruiné, déshonoré, ne voit plus qu'une issue, le retour dans sa famille. Mais le retour peut consacrer un triomphe. Mme de Bargeton, devenue comtesse du Châtelet, revient à Angoulême régner à nouveau. Quant à Châtelet, il se montre à l'Angoumois dans l'éclat de ses nouveaux titres, comte et non plus baron, préfet et non plus « financier ».

Y a-t-il une supériorité de Paris sur la province ? La primauté provinciale, comme elle s'exerce sans véritable concurrence, se révèle souvent fragile. Le cas de Lucien et celui de Mme de Bargeton le prouvent. Seul poète, seule femme d'esprit à Angoulême, les deux amants tombent bien vite de leur piédestal à Paris. Ainsi la province semble-t-elle conforter de fausses supériorités. Le Parisien semble saisir plus vite les situations que le provincial. Châtelet, en peu de temps, comprend la ville d'Angoulême, agit en conséquence et parvient à pénétrer dans des salons extrêmement fermés (p. 68-69). Enfin de nombreuses remarques soulignent la supériorité de la capitale. « Loin du centre où brillent les grands esprits, où l'air est chargé de pensées... l'instruction vieillit... » (p. 63). Elles insistent sur le danger de l'immobilisme propre à la province : « Ces deux jeunes cygnes auxquels la vie de province n'avait pas encore coupé les ailes... » Et elles mettent en évidence le choc que reçoivent les provinciaux à leur arrivée à Paris : « Les personnes qui jouissent en province d'une considération quelconque (…) ne s'accoutument point à cette perte totale et subite de leur valeur » (p. 177). Supériorité de Paris ? Regardons-y de plus près. En réalité, très vite, Mme de Bargeton et Lucien remportent d'éclatants succès dans la capitale. Leur primauté n'était donc pas si artificielle. Quant à l'assurance que Lucien a acquise à Paris, elle ne lui permet pas, à son retour à Angoulême, d'éviter le piège tendu par Petit-Claud et les ennemis de David Séchard. Le prestige de Paris tient en effet du reflet, du transitoire, de la mode.

Y aurait-il alors supériorité de la province sur Paris ? Certains indices peuvent le faire croire, en dépit du trait lourd de la satire qui souligne les ridicules d'Angoulême. « Le dîner n'avait plus ce caractère d'abondance et d'essentielle bonté qui distingue la vie en province » (p. 170). La province a su préserver une qualité à laquelle les Parisiens, en proie à l'affairisme et au clinquant, ont dû renoncer. De même, elle garde une simplicité vraie (« la bonhomie des mœurs provinciales », p. 181). Enfin, alors que Paris n'est que faux-semblant, elle conserve une authenticité de sentiments : « La noblesse des sentiments y était beaucoup plus réelle que dans la sphère des grandeurs parisiennes » (p. 70).

Présentant apparemment de fortes oppositions, la capitale brillante, la province ridicule, *Illusions perdues* se révèle ambigu. Loin de trancher, le roman renvoie Angoulême et Paris dos à dos. Dans l'univers de l'apparence qu'est Paris, on risque de perdre son âme. Faute de contacts, de mouvement, le génie étouffe dans le monde étroit de la province.

L'amour et l'amitié dans *Illusions perdues*

6

Les personnages de Balzac sont animés de passions fortes : ils aiment, ils haïssent, ils brûlent de se venger, ils se sacrifient. *Illusions perdues* est ainsi un roman de l'amitié et de l'amour.

L'AMOUR

Ce sentiment apparaît sous trois aspects dans le roman : l'amour adultère, l'amour dans la vie de bohème, l'amour dans le mariage. Lucien en effet aime tout d'abord Mme de Bargeton, femme mariée, puis l'actrice Coralie. Quant à David Séchard, il épouse Ève par amour.

- *L'amour adultère*

Le mariage mal assorti, qui conforte les intérêts et non les sentiments, fait proliférer l'adultère. Chaque femme du grand monde ou presque est flanquée d'un amant. On ne voit pas Mme de Nucingen sans Rastignac, la duchesse de Chaulieu sans le poète Canalis, Mme de Montcornet sans le journaliste Blondet. Même en province, dans la société aristocratique d'Angoulême, on découvre d'étonnants « ménages en trois personnes » (p. 103). Le père de Mme de Bargeton a imaginé de lui faire épouser un gentilhomme âgé de vingt ans de plus qu'elle, vieilli par la débauche (p. 62), frappé d'« une remarquable impuissance d'esprit » *(ibid.)*. Aussi tombe-t-elle amoureuse d'un jeune poète qu'elle crédite d'un avenir glorieux, Lucien, après avoir chéri pendant des années le souvenir d'un sous-lieutenant tué à la bataille de Wagram (p. 65). Et son père n'y trouve rien à redire : « L'excessive beauté de Lucien le frappa si vivement, qu'il ne put retenir un regard d'approbation » (p. 158) !

Lucien et Mme de Bargeton sont séparés par l'âge : il a vingt ans, elle en a trente-six. Ils sont aux antipodes par la position sociale : Mme de Bargeton est la « reine d'Angoulême », Lucien est le fils d'un obscur apothicaire de l'Houmeau. Mais Mme de Bargeton est séduite par la beauté de Lucien, elle est flattée d'être la dédicataire de ses poésies, elle s'imagine en muse d'un poète génial. Quant au jeune homme, il est fasciné par l'ascension sociale qu'implique cet amour. C'est bien l'amour « greffé sur l'orgueil » dont parle Balzac (p. 169), d'un côté comme de l'autre.

Paris, révélant que Mme de Bargeton n'est pas vraiment « reine » et que Lucien n'est qu'un petit écrivaillon de province sans manières, détruit cet amour. Mme de Bargeton trouve à Lucien « un air piteux » (p. 179) en le comparant aux jeunes gens à la mode, et cette constatation éteint le sentiment qu'elle lui portait. Sommée de l'abandonner par sa cousine, Mme d'Espard, elle obéit sans hésiter. Et Lucien lui-même était prêt à la trahir. Mme d'Espard est à Paris la « reine » qu'était à Angoulême Mme de Bargeton. Comme il aimait la « reine » et non la personne, il « s'amourache » (p. 195) de Mme d'Espard aussitôt.

Ce qui ne l'empêche pas d'éprouver de la fureur lorsqu'il se voit rejeté par celle qu'il envisageait sans scrupules de trahir. « La rage, le désir de la vengeance s'emparèrent de cet homme dédaigné : s'il avait tenu Mme de Bargeton, il l'aurait égorgée » (p. 201). Mais cette colère ne vise pas seulement l'être aimé, elle lui associe deux autres personnes ; ce qui trahit bien une blessure infligée à l'orgueil et non la douleur de l'amour bafoué. Le journalisme, puissance nouvelle, offrira bientôt au jeune homme la possibilité de rendre coup pour coup.

Curieusement, cet amour si fragile est sans cesse

susceptible d'être rallumé. Puisque Mme de Bargeton n'aime pas la personne de Lucien mais une apparence, il suffit que celui-ci retrouve cette apparence pour que sa passion reprenne force. Qu'il réussisse dans le journalisme, et elle brûle de le voir revenir à elle. Plus tard, lorsqu'elle le revoit à Angoulême, éblouissant les provinciaux avec son élégance de Parisien, elle est à nouveau séduite, et prête à intervenir en sa faveur. Quant à Lucien, s'il ne connaît pas ce retour de flamme, c'est parce que l'amour de Coralie le comble.

● *L'amour bohème*

Entre Coralie, l'actrice entretenue, et Lucien se joue la reconnaissance mutuelle de la beauté, de la fraîcheur et de la jeunesse. C'est un éblouissement. Et tout semble si facile ! Un instant, ils sont heureux, comblés, renvoyant au monde qui les regarde une image bien parisienne de la réussite : « Le Paris des Champs-Élysées admira ces deux amants » (p. 333). Mais quand Coralie, pleine d'amour, abandonne le négociant qui l'entretient, ils rencontrent bien vite les dettes, la maladie et la mort. Coralie soigne Lucien blessé ; Lucien veille sur Coralie qui agonise.

Coralie apporte à cet amour une vitalité joyeuse et le goût du sacrifice : elle est prête à laisser Lucien épouser une femme riche pour faire sa carrière. Elle ne récolte que des déboires, l'insuccès au théâtre, la maladie et, finalement, la mort. Lucien, au début, se laisse aimer et parer, entraîné qu'il est dans une ronde de luxe et de bonheur facile, choyé dans un bel appartement, promené dans la belle voiture, nourri de mets fins. Il prend pourtant à cœur les malheurs de Coralie. Il cherche une pièce où elle puisse triompher. Sommé de choisir entre son ami d'Arthez et la jeune femme, il préfère cette dernière. Il est donc clair qu'il s'agit, de part et d'autre, d'un amour vrai, qui sait résister à l'adversité.

Avant que les deux jeunes gens ne deviennent amants, le passé de Coralie est évoqué, et, avec lui, l'amour tarifé. Ce dernier reparaît après la mort de l'actrice : sa servante se livre à la prostitution pour offrir au jeune homme sa place en diligence jusqu'à Angoulême (p. 473). C'est comme le thème de leur passion, qui n'arrive pas, malgré sa sincérité et sa fougue, à s'arracher aux affres de l'argent.

● *L'amour et le mariage*

Si le mariage résulte souvent d'une tractation dans *Illusions perdues*, comme le montrent de nombreuses alliances conclues au cours du roman, tel n'est pas toujours le cas. En effet, ni David ni Ève ne sont guidés par l'intérêt. Ève n'osait penser à David, plus fortuné qu'elle. David trouvait la sœur de son ami trop belle pour lui. Ils sont tous les deux pudiques, fiers, sincères (p. 87). Quant à leur amour, il repose sur leur passion commune pour Lucien : « La plus grande séduction de l'imprimeur (aux yeux d'Ève) était son fanatisme pour Lucien » (p. 88) ; « Ève ! Ève ! répondit David, je voudrais être le frère de Lucien. Vous seule pouvez me donner ce titre... » (p. 123). L'amour semble ici une sorte d'extension du sentiment fraternel pour la sœur comme pour l'ami et repose sur un projet commun de dévouement. Dévouement qui ne se dément pas, malgré les fautes de Lucien : le jeune couple retarde son mariage pour pouvoir loger le jeune homme agréablement ; emprunte pour lui permettre de tenter sa chance à Paris ; finance sa vie là-bas ; l'accueille enfin à son retour, lorsqu'il revient vaincu par la capitale.

Cette union permet aux deux protagonistes d'affronter les rudesses du sort, la pauvreté, la rude concurrence des Cointet, la vilenie du père Séchard, les pièges tendus. En effet, ils sont unis, liés par une grande compréhension, capables de « ces limpides conversations où le ménage de deux amants peut tout se dire » (p. 507). Tant de tendresse mutuelle et de dévouement à Lucien sont récompensés dans le roman par une plaisante retraite à la campagne. Ainsi le couple peut-il constituer un refuge contre le monde et ses agressions.

L'AMITIÉ

● *L'amitié vraie*

- David éprouve à l'égard de Lucien une véritable amitié, totale et lucide, qui sait aller jusqu'au sacrifice de soi. Il a bien démêlé dans le jeune homme l'inconstance et l'ambition, la fragilité morale. Mais il reste attaché à lui malgré les tourments.

Cette amitié est une amitié de jeunesse, entamée sur les bancs du lycée d'Angoulême, ravivée par une rencontre qui fait suite au retour du jeune imprimeur parti se former à Paris. Les jeunes gens se reconnaissent mutuellement de la fougue, un certain génie, le désir de conquérir le monde et de s'arracher à la médiocrité provinciale.

Mais ce n'est pas une amitié entre pairs. Leur différence d'âge (p. 47) sépare David et Lucien. Leur apparence physique aussi : David est laid, lourd, massif, tandis que Lucien est beau, plein d'une grâce subtile qui séduit tout le monde (p. 84) ; David, fortement viril, Lucien, plus féminin, avec ses hanches larges. Et, tandis que David occupe une position d'artisan, de négociant au mieux, succédant à son père comme imprimeur du roi, Lucien n'est, pour reprendre les mots de son ami, « ni chiffré, ni casé », et bénéficie d'une « virginité sociale » (p. 91). C'est donc David, plus âgé, plus chargé d'expérience, qui conseille Lucien et le guide, lui prêchant le travail et la persévérance, agissant auprès de lui comme un frère aîné. Lucien, lui, se laisse aider. En échange, il ruine son ami en imitant sa signature pour payer ses dettes, après avoir considéré avec mécontentement l'union entre sa sœur et lui. Bien sûr, il essaie de tout rendre, dans la troisième partie, et y parvient presque, mais, là encore, ses efforts sont entachés de fatuité et de suffisance, sans le caractère modeste et sincère que l'amitié vraie prête aux gestes de David.

- Le Cénacle. Le amis du Cénacle, eux aussi, ont percé à jour les faiblesses de Lucien et sa fragilité morale ; ils ne l'en aiment pas moins. Tout comme l'imprimeur, ils se font auprès de lui les apôtres du travail et de la persévérance. Ils le voient avec tristesse s'éloigner d'eux et s'enfoncer dans la voie du journalisme. Ils n'en continuent pas moins, de loin en loin, à le conseiller : lorsqu'il décide de quitter la presse libérale et de s'engager aux côtés du gouvernement, ils délèguent deux des leurs pour le dissuader. Ces amis fidèles l'assistent pendant la maladie de Coralie et se retrouvent à son enterrement pour le soutenir - à l'exception de l'un d'entre eux, plus fougueux, qui a même blessé Lucien en duel pour venger l'article que ce dernier s'était vu obligé d'écrire contre le livre de d'Arthez.

L'amitié vraie, dans *Illusions perdues*, offre tout et n'attend rien en retour. Mais Lucien la gaspille et la trompe, la déçoit cruellement.

• *L'apparence de l'amitié*

Dans le milieu du journalisme, Lucien connaît d'autres amitiés. La plus importante le lie à Étienne Lousteau. Les deux jeunes gens - là encore, Lousteau est plus âgé, plus expérimenté que Lucien, plus engagé dans la vie parisienne - partagent de bonnes bouteilles, des soirées crapuleuses, l'angoisse du jeu, des complicités de salle de rédaction. Il règne autour d'eux, dans les réunions de journalistes, une vivacité de bons mots, une allégresse de méchanceté, une camaraderie facile avec des tutoiements, des confidences, des complicités. Mais cette apparence bon enfant dissimule mal de rudes compétitions, de virulentes jalousies. Lousteau voit vite en Lucien un rival dangereux. « Nous sommes tous amis ou ennemis selon les circonstances. Nous nous frappons les premiers avec l'arme qui devrait ne nous servir qu'à frapper les autres » (p. 335). C'est avec l'aide de Finot, l'ambitieux directeur de journal, que la conspiration des gens du monde abattra Lucien. Ainsi, ces camaraderies faciles, que Lucien confond avec de véritables amitiés, fluctuent au gré des intérêts et se muent vite en trahison. Ce ne sont que des faux-semblants.

● Le pacte

Avec Vautrin, à la fin du roman, fait son entrée une force nouvelle. Est-ce encore de l'amitié, le sentiment qui pousse l'ancien forçat, séduit par la beauté de Lucien, à tenter de le consoler, à analyser avec lui son histoire et à lui offrir une terrible alliance ?

Vautrin ne se propose pas moins que de faire de Lucien sa créature, un pantin qu'il promènera à son gré dans le monde, qu'il jettera à la conquête de la société, qui réussira pour lui, à sa place. Vautrin s'assimilera si étroitement à Lucien qu'il sera heureux par lui, qu'il goûtera l'enivrement de la réussite à travers lui : « Je veux aimer ma créature, la façonner, la pétrir à mon usage, afin de l'aimer comme un père aime son enfant. Je roulerai dans ton tilbury, mon garçon, je me réjouirai de tes succès auprès des femmes, je dirai : - Ce beau jeune homme, c'est moi ! ce marquis de Rubempré, je l'ai créé et mis au monde aristocratique ; sa grandeur est mon œuvre, il se tait ou parle à ma voix, il me consulte en tout » (p. 638).

L'amitié de David Séchard se voulait fraternelle. Celle de Vautrin joue la paternité. De fait, souvenons-nous, Lucien n'a plus de père, il cherche même à en oublier le nom, il tombe donc dans le piège de cette nouvelle amitié qui mime la paternité et lui assure de l'argent à profusion ainsi qu'une vie de luxe.

Finalement, l'itinéraire de Lucien est jalonné par des amis ; vrais amis, faux amis, peu importe - l'univers de Balzac est celui de la profusion et de la générosité, même s'il révèle les dessous du jeu social dans sa cruauté.

7

Les coulisses du succès :
Illusions perdues,
roman d'éducation

Dans *Illusions perdues* prolifèrent les écrivains ambitieux, les journalistes en quête d'argent, les poètes réfugiés dans des mansardes. Le roman en effet dévoile les manigances de la vie littéraire et fait le portrait de la vie politique à Paris.

LA VIE LITTÉRAIRE

● *Les causes du succès*

Le roman montre, à travers les allées et venues de Lousteau et de Lucien, ce qui est nécessaire au succès d'une pièce de théâtre. Il faut une claque nourrie, avec des professionnels payés, qui savent où applaudir. Il faut d'abondantes critiques dans la presse. Il faut enfin des actrices sachant relever leurs jupes (« Ces deux créatures ont des jupes très courtes, elles dansent un pas espagnol, elles peuvent enlever le public », p. 295) et parader dans les vêtements offerts par les riches négociants qui les entretiennent. Où est la littérature là-dedans ?

Il est aussi fort peu question de qualité lorsqu'un livre remporte du succès. Dauriat, l'éditeur, jette, avec une cynique faconde, que son entregent, ses relations, les critiques qu'il achète font d'un livre une spéculation rentable. « Les deux articles de Blondet, je les ai payés mille francs et un dîner de cinq cents francs. (...) Moi, je ne m'amuse pas à publier un livre, à risquer deux mille francs pour en gagner deux mille ; je fais des spéculations en littérature. (...) Je ne suis pas ici pour être le marchepied des gloires à venir, mais pour gagner de l'argent » (p. 283-284).

Une telle conception du livre et des pièces de théâtre a de terribles conséquences. Les éditeurs, les comédiens ne cherchent pas des textes de qualité ; ils veulent des œuvres dont les auteurs ont les moyens d'assurer le succès. Dauriat se vante de ne publier que des gens célèbres. Les comédiens choisissent de jouer les pièces d'écrivains qu'ils redoutent : « Si vous aviez le pouvoir de faire dire que le jeune premier a un asthme, la jeune première une fistule où vous voudrez (...), vous seriez joué demain », affirme Lousteau (p. 258).

Rien n'est plus craint que le « rossignol », le livre qui ne se vend pas. La qualité importe peu. Elle risque même d'être dangereuse. « Le livre d'aujourd'hui doit être vendu demain. Dans ce système-là, les libraires [c'est-à-dire les éditeurs] refusent les livres substantiels auxquels il faut de hautes, de lentes approbations » (p. 288). Lorsqu'elle parvient à s'exprimer, la qualité est mal comprise, traînée dans la boue pour des raisons qui n'ont rien à voir avec elle - c'est le sort du beau livre de d'Arthez...

Illusions perdues révèle donc ce qui grouille derrière la pure lumière de la gloire. « Cette réputation tant désirée est presque toujours une prostituée couronnée », s'écrie Lousteau (p. 260), et c'est l'argent qui mène le jeu, tranformant l'art en marchandise, exigeant qu'il soit rentable : « ... tout se résolvait par de l'argent. Au Théâtre comme en Librairie, en Librairie comme au Journal, de l'art et de la gloire, il n'en était pas question » (p. 295).

- *Le rôle de la presse*

Dans un tel contexte, la fonction de la critique est violemment altérée. Il ne s'agit plus du tout de la « Sainte Critique » chère au Cénacle, éclairant l'opinion grâce à la profondeur et à la vérité de ses analyses. La critique entre dans le système de la marchandise, dont elle est la pierre angulaire. Elle a la vertu de faire connaître, donc de faire vendre. Elle est la « réclame », la publicité. Comme telle, elle favorise le plus offrant et se montre terrible à qui ne l'achète pas le bon prix. Lousteau, qui revend les exemplaires de presse que lui adressent les éditeurs, ne dit-il pas : « Enfin, pour un exemplaire refusé par le libraire à mon journal, je dis du mal d'un livre que je trouve beau ! » (p. 260) ? Quant au fait même que l'on publie une critique sur un livre, il dépend de tractations financières : « Finot [le rédacteur en chef du journal] a été payé pour deux articles que je dois faire » (p. 267).

La critique n'est donc pas fiable. Elle fluctue au gré des intérêts, des amitiés et des haines du moment. Elle n'est en rien le reflet des opinions sincères du journaliste. Pour satisfaire à la rancœur d'un journaliste envieux et exercer une pression sur l'éditeur Dauriat, Lucien doit rédiger une critique négative d'un livre qu'il admire. « Le livre, fût-il un chef-d'œuvre, doit devenir sous ta plume une stupide niaiserie, une œuvre dangereuse et malsaine » (p. 361) : telle est la consigne. Le jeune homme s'exécute, finissant par croire à ce qu'il a écrit. C'est alors qu'on lui réclame, sur le même texte, une critique élogieuse, car il s'agit de se réconcilier avec l'auteur. Mieux, on lui demande un troisième article, qui mettra fin à la « polémique » ! Le tout, naturellement, signé de noms différents... C'est dire si la critique, telle que nous la montre à l'œuvre *Illusions perdues*, berne le lecteur et le manipule. Un seul fait compte : on parle du livre, donc il se vend.

Parfois même, et c'est logique, le journaliste n'a pas lu le livre dont il parle, il s'est contenté de le feuilleter (p. 267). Et Lousteau fournit à Lucien effaré le canevas d'articles tout prêts, quel que soit l'ouvrage.

L'analyse que fait Balzac - montrant les connivences entre la critique et les éditeurs, le rôle des pressions, le jeu des amitiés et des inimitiés, l'importance de l'argent dans tout cela - peut éclairer, aujourd'hui encore, certains soubresauts de la vie littéraire.

• Les journalistes

Tâchant de vivre de leur talent, les journalistes font argent de tout : ils revendent les exemplaires que leur envoient les éditeurs, ils remettent en circulation les places de théâtre que leur offrent les directeurs, ils monnaient leurs services en bons dîners et en invitations. Cette corruption ne les empêche pas d'être brillants. Ils jouent sur le vrai et le faux, jonglent avec les idées, séduisent avec des mots, rivalisent d'esprit et de vivacité. Illusionnistes de la pensée, ils sont sans illusions. Ils appellent le journal la « boutique » et reconnaissent : « Mais nous sommes des marchands de phrases, et nous vivons de notre commerce (...) des articles lus aujourd'hui, oubliés demain, ça ne vaut (...) que ce qu'on les paye » (p. 377). Ils travaillent sans méthode, n'écrivent que parce qu'il faut « boucler » le journal, vivent en courant d'un dîner à un souper, d'une maison d'édition à un théâtre.

Ces gens légers sont au centre d'un pouvoir terrifiant. La critique peut assassiner un livre, une pièce. Les petits articles peuvent ridiculiser les hommes politiques. Aussi voit-on devant eux les éditeurs « câlins », des « cher ami » plein la bouche, comme Dauriat qui vient conclure un accord de non-belligérance avec Lucien (p. 370 sq.). De même les auteurs les choient-ils : l'écrivain Nathan salue le journaliste Blondet « chapeau bas » (p. 280). Pleins de fiel, les journalistes peuvent ternir des réputations : les billets rédigés à l'encontre de du Châtelet et de Mme de Bargeton le montrent bien. Là encore, nul souci de vérité : « Le journal tient pour vrai tout ce qui est probable » (p. 356). Et les pires calomnies sont « probables » aux yeux de ces cyniques !

Les journalistes tiennent leur puissance de l'argent. Ce dont ils parlent, ce dont ils font la louange, se vend. Et le fait se retourne contre eux. « ... quelquefois les propriétaires, les rédacteurs en chef d'un journal ont la main forcée », annonce Lousteau (p. 363). On édulcore un article de Lucien car le journal ne peut se permettre de dire du mal d'un théâtre qui « nous prend vingt abonnements, dont neuf seulement sont servis. (...)

Comprends-tu ? Nous sommes tenus à beaucoup d'indulgence » (p. 386). Après l'ivresse du pouvoir, vient l'amère prise de conscience : « Je comprends que je ne suis pas libre d'écrire ce que je pense... » s'exclame Lucien, révolté *(ibid.)*. Exerçant des pressions dans le monde littéraire, les journalistes en subissent aussi en retour. Sans ligne de conduite, sans éthique, ils sont au centre d'un réseau d'échange de bons services, réseau où l'argent tient la première place.

Ainsi les maîtres mots de la vie littéraire sont-ils les relations, le pouvoir de la presse, l'argent. La gloire n'est plus alors qu'illusion - une de ces illusions dont le titre annonce la perte.

LA VIE POLITIQUE

Les journaux défendent des opinions. La vie littéraire s'appuie sur la vie politique. Les romantiques sont royalistes, les fidèles du classicisme appartiennent à l'opposition libérale (p. 253). Ce sont les idées de cette dernière que défend le journal de Lousteau et de Finot dans lequel Lucien fait ses premières armes. En témoignent les portraits du général Foy et de Benjamin Constant, orateurs de l'opposition, qui ornent les murs de son local. Le jeune homme offre ensuite ses services à la presse royaliste. Ni cette dernière, ni la presse libérale n'échappent au réquisitoire d'*Illusions perdues*.

Le libéralisme s'exprime par une voix odieuse, mensongère, qui fait ses délices des attaques personnelles, qui, loin d'être une force d'opposition incorruptible, se laisse racheter en sous-main par le ministère, et qui est menée par des fripons se parant des oripeaux du courage. Cérizet le traître, auteur d'un faux, gagne dans les milieux libéraux le surnom de Courageux-Cerizet (p. 663) ! La presse royaliste n'est guère différente. Là encore, les qualités des livres, les opinions réelles de leurs auteurs, rien ne compte. Daniel d'Arthez, légitimiste, est violemment combattu par les petits journaux de cette presse, parce qu'il appartient au Cénacle, groupe réputé dangereux.

Journalistes libéraux et journalistes ultras se fréquentent et s'entraident dans le livre. « Les Ultras et les Libéraux se donnent des poignées de main... » (p. 291). Mieux, l'appartenance à un courant de pensée n'empêche pas que l'on garde des connivences avec l'autre courant : « Peut-être serai-je ministériel ou ultra, je ne sais pas encore ; mais je veux conserver, en dessous main, mes relations libérales », dit Finot, le directeur de journal (p. 296-297).

Politique et journalisme sont mêlés. Les hommes politiques se soucient de la presse : c'est le rôle que joue des Lupeaulx, envoyé pour établir une complicité entre le gouvernement et les journalistes. Quant à ces derniers, ils ont des visées politiques. Lousteau prédit à Finot un avenir de député. Lui-même s'imagine pair de France. Pour Lucien, journalisme et choix politique ont partie liée.

Enfin, la vie politique et la vie littéraire sont aussi corrompues l'une que l'autre, si l'on en croit Lousteau, expert en la matière : « Ne croyez pas le monde politique beaucoup plus beau que ce monde littéraire : tout dans ces deux mondes est corruption, chaque homme y est ou corrupteur ou corrompu » (p. 259).

Illusions perdues renvoie dos à dos l'opposition et le pouvoir. Si la Restauration est corrompue, il n'y a rien à attendre des libéraux - ils sont tout aussi corrompus qu'elle ! Nul ne défend la vérité, les idées. Du côté des illusions perdues, il faudrait mettre le respect des valeurs, la gloire... Mais il reste le Cénacle.

LE CÉNACLE [1]

Il existe dans le roman un groupe qui lutte pour préserver une éthique, pour défendre une morale du travail et du dévouement, pour promouvoir la clairvoyance et la vérité : c'est le Cénacle, à mi-chemin, par ses différents membres, entre la vie politique et la vie littéraire.

1. Voir note 1, p. 20.

• Contre les complicités, la fraternité

Les apparitions de cette petite coterie de neuf hommes sont rares. Mais elles se produisent à des moments cruciaux : avant l'entrée de Lucien dans le journalisme ; avant sa trahison au profit du camp royaliste ; dans la troisième partie du roman, enfin, quand Daniel d'Arthez résume le sens de l'expérience de Lucien à Paris en répondant aux questions d'Ève Séchard (p. 504 sq.).

Chaque fois le groupe fait preuve d'un jugement exact. « Le journalisme est un enfer, un abîme d'iniquités, de mensonges, de trahisons », annonce un membre du Cénacle (p. 242). Et cette définition sévère est avérée par la suite du roman. Les amis du Cénacle prévoient que Lucien, du fait de son tempérament, ne va pas pouvoir résister à l'attrait d'une telle corruption : « Tu serais si enchanté d'exercer le pouvoir, d'avoir droit de vie et de mort sur les œuvres de la pensée, que tu serais journaliste en deux mois » *(ibid.)*. Ils l'adjurent ensuite de ne pas quitter la presse libérale. C'est qu'ils ont analysé la situation, examiné la position inexpugnable de cette dernière, et même prévu sa victoire contre le pouvoir (p. 434-435).

Leur clairvoyance s'explique par leur place à part dans la capitale. Dans un monde parisien en proie au tourment de la corruption et de la concussion, les amis du Cénacle se témoignent mutuellement amitié, fidélité et soutien. Ils savent se mettre au service de l'un d'entre eux et l'aider : ils récrivent le roman historique de Lucien, *l'Archer de Charles IX*, et lui proposent même de lui créer un succès, puisqu'il est si impatient et si à court d'argent.

• La signification politique du Cénacle

Pour reprendre la formulation actuelle, la sensibilité politique du Cénacle semble être plutôt de gauche, en dépit du légitimisme affiché de d'Arthez. L'un de ses membres, Bianchon, le médecin, parle, dans une nouvelle intitulée *l'Interdiction*, de guillotine et de révolution. Un autre, Michel Chrestien, l'homme qui rêve d'une fédération européenne, va mourir en 1832, « simple soldat » dans un soulèvement républicain contre la Monarchie de Juillet (p. 233). Quant au nom de « Convention » que lui donnent ses ennemis royalistes (p. 450), il confirme bien cette orientation.

Le Cénacle s'oppose à la corruption imposée à l'idéal. Il veut instruire l'opinion, au lieu de la courtiser, et défendre avec sérieux et gravité de grandes idées. Il recherche, tant en politique que dans le journalisme, la pureté des mœurs. Quand certains de ses membres se lancent dans l'entreprise d'un journal, il s'agit non d'un journal « à capitaux » mais d'un journal construit avec le « dévouement » de ses rédacteurs (p. 339). Cette publication ne tarde pas à attirer l'attention et à susciter les foudres du parti royaliste qui va lui faire « une guerre à mort et systématique » (p. 450). Et Finot, qui est aussi corrompu que le Cénacle est vertueux, prédit au groupe le plus bel avenir : « Il y a toute une coterie politique (…) derrière le journal de Léon Giraud, une coterie à qui le pouvoir appartiendra tôt ou tard » (p. 455). Le groupe présente donc l'utopie d'un journalisme pur débouchant sur un pouvoir pur lui aussi.

Ce groupe n'est pas sans lien avec les saint-simoniens, gens avec lesquels Balzac lui-même ne cessa d'avoir des affinités, même quand il se fut rallié au légitimisme. Rappelons à propos des saint-simoniens que Saint-Simon, descendant du mémorialiste de la fin du règne de Louis XIV, vécut de 1760 à 1825. C'était un philosophe et un économiste. Il professait la confiance dans l'industrie et le progrès, prévoyant l'avènement d'une société industrielle gérée par les industriels, c'est-à-dire les producteurs, où les intérêts des chefs d'entreprises et des ouvriers s'harmoniseraient spontanément. Son œuvre posthume, *le Nouveau Christianisme*, formule la morale de cette nouvelle société tout en développant des thèmes pré-socialistes qui sont la base de l'école socialiste saint-simonienne fondée par ses disciples.

● *La fonction du Cénacle*

On l'a vu, les personnages de Balzac, quels qu'ils soient, sont saisis d'une rage de pouvoir, de gloire et de succès.

De cette ambition, *Illusions perdues* dit le danger : la gloire littéraire s'achète à coups d'articles, le journalisme est un enfer, la politique corrompt. Pourtant le Cénacle réussit, le lecteur d'*Illusions perdues* se le voit maintes fois répéter - même si ses membres restent pauvres dans le strict cadre temporel du roman. Le groupe, en effet, sert à préserver l'idée d'une réussite qui ne serait pas le fruit d'une compromission. Car se pose à Balzac le dilemme suivant : comment concilier le génie et la reconnaissance de celui-ci dans la société qu'il décrit ? Comment concilier la connaissance du monde et la réussite dans ce monde ? Le Cénacle est là pour montrer qu'il n'est pas nécessaire de perdre son âme pour atteindre la gloire, ni d'être corrompu pour agir. D'où son importance. Le Cénacle garantit que le roman ne verse pas dans le cynisme, dans le « à quoi bon ? », dans la corruption qu'il dénonce si vigoureusement. Lieu utopique de la fraternité et de la bonté, il préserve la possibilité de l'action - la possibilité d'un roman de la dénonciation.

UN ROMAN D'ÉDUCATION

Illusions perdues montre des personnages confrontés à l'apprentissage de la vie sociale : certains de leurs idéaux s'effondrent, certains de leurs espoirs meurent.

Au début, tout semble aller de soi. David et Lucien sont jeunes, ils rêvent d'ascension sociale et de succès. L'un sera poète, l'autre inventeur. Ils gagneront des fortunes et parviendront au faîte de la société. Or, ce qui les attend, c'est l'angoisse, la douleur, la misère, la chute. De l'essor sans bornes que leur offrent leurs rêves, les héros du roman d'éducation passent vite à la connaissance amère de la vie.

Des initiateurs leur disent ce qu'est la société et quels risques elle fait encourir à ceux qui désirent la dominer. Si David, d'ailleurs lui-même initiateur de Lucien, ne rencontre pas ce type de personnage, puisqu'il est homme fait et déjà chargé d'expérience quand l'intrigue commence, Lucien en croise un grand nombre. Les uns prêchent la patience, le long apprentissage du génie : ce sont David et le Cénacle. D'autres conseillent des voies rapides et brillantes, dangereuses aussi, tels Mme de Bargeton et Lousteau, ou bien encore Vautrin, surgi comme un diable sur une route déserte. Mais si différents soient-ils, si différentes les voies qu'ils proposent, ces initiateurs font-ils des révélations si dissemblables ? Ils disent tous que le monde est en proie à l'individualisme, que chacun tente de réussir par tous les moyens, que seul compte l'argent aux yeux de la société.

Comprenant que la loi ne lui permettra pas le succès parce qu'il est solitaire et pauvre, David préfère renoncer. Il choisit de limiter ses ambitions. L'énergie, le génie de l'inventeur qui l'habitaient, il les oublie, les laisse mourir en lui. Il ne trouve l'équilibre qu'au prix d'un renoncement à ses rêves. La perte des illusions se traduit pour lui par une perte de soi. Quant à Lucien, il éprouve pour la gloire et l'argent un désir insatiable : il lui est impossible de renoncer à ses rêves. Ne sachant pas tirer la leçon de son éducation, il recommence indéfiniment l'ascension sociale entreprise et, en cas d'échec, se jette dans le suicide. Car c'est le suicide, en effet, tentation récurrente chez lui, qui le guette à la fin de l'aventure avec Vautrin commencée à la fin d'*Illusions perdues* et reprise dans *Splendeurs et Misères des courtisanes*.

Il reste, malgré ce saccage des illusions, rare, peu exprimé, le sentiment de la solidarité humaine que David formule ainsi : « Mais, après tout, qui suis-je relativement à mon pays ?... Un homme. Si mon secret profite à tous, eh bien ! je suis content ! » (p. 647). C'est cette morale de l'altruisme et du dévouement, cette conscience d'avoir participé à une entreprise qui le dépasse, celle du progrès humain, qui permet à David d'atteindre la sagesse. Et c'est aussi parce que leur ambition excède leur individu, visant à défendre des idées, une conception de l'art, de la littérature et de la science, que les membres du Cénacle trouvent la persévérance qui les aide à réussir.

Peut-être trouve-t-on là une leçon d'*Illusions perdues*, roman d'éducation.

ÉCRIRE ET DÉCRIRE :
LES PROBLÈMES DU STYLE

● *Les descriptions*

Des monuments d'ennui ! ont pensé des générations d'élèves. Est-il possible de les voir autrement ? De les goûter même ? Essayons. D'abord, terrassons un mythe. Balzac ne décrit pas tout, loin de là. Il ne décrit que ce que son lecteur ou sa lectrice, Parisiens fortunés, ignorent. Il veut les plonger dans des univers inconnus. Rien sur les salons de l'aristocratie parisienne, sur les restaurants à la mode tels que Véry ou le Cadran bleu, sur les maisons de jeux ou sur les théâtres - ces lieux sont supposés connus. En revanche, le roman décrit minutieusement, entre autres, une imprimerie de province mal tenue (p. 34 sq.), le salon d'une aristocrate d'Angoulême (p. 72 sq.), la chambre d'un jeune homme au Quartier latin (p. 227), les galeries de bois au Palais-Royal (p. 271 sq.).

Une constante : ces endroits sont souvent peuplés d'objets hétéroclites, bric-à-brac qui signale toute une histoire. Ainsi, chez le père Séchard, le mobilier porte la trace des « embellissements » effectués par Mme Séchard à la fin du XVIIIe siècle (boiseries bleues, chaises-lyres), efforts rendus incongrus par l'état d'abandon général. Quant au fier hôtel d'Espard, la misère y perce, tout y est « vieux », « piteux » (p. 72), du siècle précédent. La mansarde de d'Arthez, nue et pauvre, révèle sa sensibilité exquise avec ses bougies, articles de luxe dans ce contexte de sévère économie : le jeune homme, trop délicat, ne supporte pas l'odeur du suif des chandelles. Et les galeries de bois du Palais-Royal, restes de la spéculation menée au XVIIIe siècle par le duc d'Orléans, faisant se côtoyer les commerces de luxe, les éditeurs et les misères de la prostitution, soulignent les contrastes dans la société de la Restauration.

Michel Butor, dans *Essais sur le roman*, justifie ainsi ces descriptions. Avant la Révolution, meubles et lieux, tout allait de soi ; il existait un certain ordre tranquille, fiable. Après la Révolution - et Balzac appartient à la génération d'écrivains qui fait suite à cet événement -, tout est bouleversé, rien n'est assuré. Il faut alors décrire. Et décrire ce qui est inattendu, révélateur et surprenant. Ce qui témoigne des conditions nouvelles de la vie. « Il y avait avant la Révolution une société hiérarchisée dont la stabilité s'exprimait par une "harmonie", une convenance dans l'ameublement (...). Après, tout (...) se délabre.

Ainsi, lorsque Balzac nous décrit l'ameublement d'un salon, c'est l'histoire de la famille qui l'occupe qu'il nous décrit. »

Mais Balzac ne décrit pas seulement les lieux, dira-t-on. Il décrit aussi ses personnages, leur physique, leur habillement, avec une attention minutieuse pour le détail. Ces portraits se développent sur le mode de l'énumération réaliste, dégageant les traits les uns à la suite des autres. Certains sont des morceaux de bravoure. Celui du père Séchard allie les références à l'imprimerie, son métier (« son nez avait pris le développement et la forme d'un A majuscule », p. 32-33), et à la vigne, son occupation de cultivateur et son vice d'alcoolique (« ses deux joues veinées ressemblaient à ces feuilles de vigne », *ibid.*). Celui de Coralie (p. 304) suggère l'exotisme et la sensualité. Il montre « ce long visage », ce « regard languissant », ces « deux bandeaux d'ébène » (à propos des cheveux lissés, séparés par une raie au milieu), animant tout cela de comparaisons ou d'images qui évoquent l'Orient. Remarquons « grenade », « ardeur du désert », « chantée par le Cantique des Cantiques », « poésie orientale ».

Peut-on ajouter combien Balzac tenait à ces descriptions, qui font partie intégrante de sa manière (au sens où l'on parle de la « manière » d'un peintre), de son art ? Il les défend dans le roman même par la bouche de Daniel d'Arthez : « des descriptions auxquelles se prête si bien notre langue » (p. 228). Et les apprécier, les savourer même, c'est retrouver tout le suc de cette époque disparue, la Restauration, où le nouveau venait bousculer l'ancien, où l'ancien laissait encore tant de traces.

• Les dialogues

Aux descriptions succèdent des dialogues rapides, enjoués, qui font avancer l'action de manière allègre ou qui révèlent le dessous des cartes. Qu'on se souvienne de Dauriat, l'éditeur à la mode, et de ses formules saisissantes à propos des auteurs et des livres. Tant de franchise jetait un jour cru sur la littérature sous la Restauration : « Mon affaire n'est pas de procéder au dépouillement des élucubrations de ceux d'entre vous qui se mettent littérateurs quand ils ne peuvent être ni capitalistes, ni bottiers, ni caporaux, ni domestiques, ni administrateurs, ni huissiers ! On n'entre ici qu'avec une réputation faite ! » (p. 283). On retrouve la même vivacité dans la réunion de rédaction qu'anime Lousteau, où les tâches se partagent dans l'animation et la belle humeur : « Qu'avons-nous pour le journal de demain ? - Rien. - Rien. - Rien ! - Messieurs, soyez brillants pour mon premier numéro (…). Messieurs, si nous prêtions des ridicules aux hommes vertueux de la Droite ? Si nous disions que M. de Bonald [il s'agit d'un digne théoricien] pue des pieds ? s'écria Lousteau » (p. 354-355). Et cette trivialité des dialogues souligne l'irresponsabilité de ces gens, manipulateurs d'opinions, enfants facétieux et paresseux dont le pouvoir peut être malfaisant. Rappelons aussi les vifs échanges lors des repas entre journalistes, révélateurs de corruption et de cynisme, mais aussi d'un brillant, d'un brio irrésistibles. Mentionnons enfin les paroles échangées dans le grand monde, avec leurs allusions feutrées et leurs pièges.

● *La satire*

Descriptions et dialogues sont volontiers satiriques. Nous ne reviendrons pas sur la terrible satire de la noblesse de province, vide et bête à souhait, galerie de nullités dont la prétention souligne encore le ridicule. Mme de Bargeton, toute « reine » qu'elle est, n'est pas épargnée. Ses relations avec son mari sont tournées en ridicule : « Elle l'avait d'ailleurs discipliné militairement, et l'obéissance de cet homme aux volontés de sa femme était passive. Elle lui disait : - Faites une visite à M. ou à Mme une telle, il y allait comme un soldat à sa faction » (p. 96). Cet homme fournit une cible encore plus nette à la satire. « M. de Bargeton se promenait chez lui *comme un hanneton*[1] sans croire que sa femme voulût être seule avec Lucien » (p. 145). La comparaison le montre allant et venant, sans plus d'esprit qu'un insecte, ignorant de ce qui se trame dans sa maison. Et lorsqu'il va provoquer en duel un calomniateur de sa femme, il n'a qu'une pensée, qu'une inquiétude : quoi dire ? « ... Il n'était embarrassé que d'une seule chose, et il en frémissait tout en allant chez M. de Chandour. - Que vais-je dire ? pensait-il. Naïs [il s'agit de sa femme] aurait bien dû me faire un thème ! » (p. 153).

Lucien lui-même n'échappe pas à l'ironie du texte : « Il se raccrochait à son manuscrit qu'il serrait pour qu'on ne le lui volât point, l'innocent ! - Eh bien ! monsieur, cria-t-il en se sentant pris par un bras et croyant que sa poésie avait alléché quelque auteur » (p. 277). Nouveau venu dans le monde littéraire, il ignore qu'il y a bien peu de risque qu'on tente de le délester de son recueil. La poésie ne se vend pas. Les éditeurs refusent de la publier. Et celui qui finira par acheter *les Marguerites*, ses précieux poèmes, ne fera même pas sortir le livre !

Illusions perdues, enfin, n'est pas dépourvu de raccourcis cyniques. A propos du père Séchard : « Il eut toute espèce de bonheur : il devint veuf et n'eut qu'un fils... » (p. 31). Sous la forme d'un paradoxe, et dans un ordre surprenant, c'est bien la pensée du personnage qui

1. C'est nous qui soulignons.

s'exprime. Peu occupé de sa femme, il est en revanche très attaché à ses biens. Or il hérite de sa femme et, n'ayant qu'un seul enfant (un fils, ce qui évite l'épineux problème de la dot), il transmettra entière sa fortune...

- ## La manière d'écrire

Elle est décriée à l'envi. Effectivement, le style de Balzac est par moments lourd, ampoulé, chargé à la fois d'une rhétorique prétentieuse et d'expressions triviales. Un exemple de phrase pleine de tournures vulgaires, qui emprunte à l'argot du journalisme : « Elle lui beurra ses plus belles tartines et les panacha de ses plus pompeuses expressions » (p. 80). Un exemple de grandiloquence : « Lucien, qui ne se savait pas entre l'infamie des bagnes et les palmes du génie, planait sur le Sinaï des prophètes sans voir au bas la mer Morte, l'horrible suaire de Gomorrhe » (p. 82).

Si l'on définit le style d'un écrivain comme ce qui unifie les matières diverses dont il traite, comme ce qui fond et harmonise des réalités hétéroclites, « dans Balzac, il n'y a pas à proprement parler de style », peut-on dire à la suite de Marcel Proust dans *Contre Sainte-Beuve*. Ou plutôt ses textes portent sa marque en ce qu'ils traitent de tout, de l'ameublement, des us et coutumes de la province, des habitudes du journalisme, des rouages de la loi, du mécanisme de l'endettement, sans tenter de rien lier, de rien unifier. N'en voulons pour preuve que ces poèmes de Lucien qui figurent dans *Illusions perdues*, que cet article, le premier qui jaillisse de la plume du jeune homme transcrit intégralement, que ces extraits de presse, que ces lettres commerciales, que ces comptes. Ils nous sont livrés tels quels, avec la brutalité des choses réelles, des véritables documents. C'est ce qui met en relief le projet de Balzac : faire l'inventaire de cette société désordonnée que crée la Restauration ; restituer tout. Quoi d'étonnant alors à ce que son style soit allègre, agressif, hérissé de néologismes, avec de grosses vulgarités de pensée, charriant des torrents de détails plus fascinants les uns que les autres ? Il mêle les jargons du journalisme et ceux de la procédure légale, le vocabulaire de l'imprimerie et celui du commerce. Il brasse tous les aspects de la réalité et n'omet rien. Il rend compte de la marche chaotique d'un monde qui hésite entre le passé et les temps modernes...

RACONTER UNE HISTOIRE :
LES PROBLÈMES DE COMPOSITION

● *Les effets d'attente*

Pour ménager l'intérêt du lecteur, le texte est construit autour d'effets d'attente. La première partie se clôt sur la phrase suivante : « L'imprimeur remonta dans son méchant cabriolet, et disparut le cœur serré, car il avait d'horribles pressentiments sur les destinées de Lucien à Paris » (p. 165). L'échec de Lucien est annoncé dès l'abord. Et la deuxième partie ne fait qu'en repousser la réalisation. En effet, après un premier échec auprès des gens du monde, Lucien connaît l'amitié véritable, puis une fulgurante ascension dans l'univers du journalisme. Ensuite, seulement, vient l'échec. C'est ce système d'anticipation, et de retard, qui crée l'attente, le suspense. A chaque instant, le texte confronte les preuves du succès et l'annonce de la faillite, montre les réussites et souligne au passage comme elles sont grosses de troubles à venir, d'inimitiés sournoises, de pièges retors.

Il en va de même dans la troisième partie. Très vite, la lutte est ouverte entre les Cointet et David Séchard. Ève la pressent, s'inquiète des paroles de son mari, trop révélatrices : « Ève regarda de nouveau son mari pour l'engager à ne rien répondre ou à répondre quelque chose qui ne fût rien » (p. 500). La victoire des Cointet est présentée comme inéluctable. Elle est pourtant sans cesse différée. Ève se débat intelligemment. Les recherches de David progressent et il semble échapper aux poursuites. Lucien a l'air sur le point de sauver son beau-frère grâce à l'appui de Mme de Bargeton devenue femme de préfet. Tout pourrait s'arranger. C'est le contraste entre les annonces de l'échec et la réussite apparente des personnages qui crée l'attente et anime l'intérêt.

- *Le « complot »*

Liée aux effets d'attente, les renforçant, une figure : celle du « complot ». *Illusions perdues* présente à de nombreuses reprises la configuration suivante : un homme, parfois un couple, se débat seul, au centre d'une toile ourdie par de nombreux ennemis dont les haines s'additionnent et se renforcent. Le lecteur sait ce qui se trame, la victime l'ignore. Le lecteur plaint donc la victime, tremble pour elle, frémit à chacun de ses faux pas, pressent à chaque instant la catastrophe, interprète - le texte l'y invite - tous les regards significatifs, tous les mouvements d'hostilité et prend conscience de l'imminence du drame. Dans la première partie, c'est Châtelet qui attend dans l'ombre pour nuire à Lucien. C'est aussi la « sotte conspiration » à laquelle se livrent les habitués du salon de Mme de Bargeton lors de la soirée organisée pour le triomphe de Lucien : on imagine de tromper l'évêque et de le pousser, en dépit de sa bienveillance, à formuler une remarque désobligeante à l'égard du héros de la fête (p. 113 sq.). C'est enfin l'hostilité du clan aristocratique, tout désireux de surprendre Lucien et Mme de Bargeton en flagrant délit d'inconduite (p. 146 sq.).

Mais la figure du complot s'amplifie dans la deuxième et la troisième parties du roman. La réussite de Lucien lui vaut bien des ennemis. Contre lui, les journalistes, jaloux de ses succès mondains. Contre lui aussi, les femmes du monde, avec, à leur tête, la fine Mme d'Espard qui imagine le piège de la fausse ordonnance (p. 402, p. 457). Cette coalition occasionne la chute du jeune homme. Autour d'Ève et de David, ensuite, ce sont mille intérêts ligués, ceux des Cointet et de leurs alliés. L'apparence de l'amitié, en la personne de Petit-Claud, dissimule mensonges et menées sournoises. Comment le couple n'y succomberait-il pas ? Le lecteur voit sans arrêt autour de lui des êtres ligués pour le perdre, des plans subtils.

- *Le temps dans le roman*

A certains moments du récit, le temps semble se dilater. Une journée, une semaine voient s'accumuler de nombreux événements. A l'inverse, ce qui se préparait depuis longtemps se dénoue brutalement. Il y a de cela deux exemples particulièrement significatifs : le jour où Lucien est introduit dans le journalisme - décrit au long de plus de soixante-dix pages (p. 251-326) ; et la « fatale semaine » (p. 447) dans laquelle se précipitent les catastrophes, le tout en peu de pages (p. 447-462).

Prenons le premier exemple. Chez Flicoteaux où il dîne, Lucien entre en conversation avec Lousteau. Il obtient de lire à ce jeune journaliste son œuvre poétique. Il l'écoute ensuite se lancer dans une diatribe contre les mœurs du monde littéraire. Il découvre chez lui l'éditeur Barbet, le suit au Palais-Royal, dans la librairie de Dauriat. De là, les nouveaux amis se rendent au théâtre où Lucien fait la connaissance de Coralie. Ils soupent tous chez Florine, la maîtresse de Lousteau. A l'aube, Coralie emmène Lucien chez elle. En l'espace de quelques heures, les révélations se sont accumulées. Lucien a compris les mécanismes de l'édition, ceux du théâtre. Il a assisté à l'ascension de son nouvel ami, promu rédacteur en chef. Il a trouvé une maîtresse, Coralie. Il a composé son premier article et fait son entrée dans le journalisme. Il a participé à sa première beuverie. Ce déluge d'événements, cette profusion de découvertes - découvertes pour le personnage, mais aussi pour le lecteur - donnent à l'épisode un rythme haletant, qui concourt à fixer l'intérêt.

Le deuxième exemple accumule lui aussi les événements en une succession effrénée : « Dans la vie des ambitieux et de tous ceux qui ne peuvent parvenir qu'à l'aide des hommes et des choses (…) il se rencontre un cruel moment où je ne sais quelle puissance les soumet à de rudes épreuves : tout manque à la fois, de tous côtés les fils rompent ou s'embrouillent, le malheur apparaît sur tous les points » (p. 447). Durant la « fatale semaine », Lucien mesure qu'il est au ban des journalistes ; pour préparer un succès à sa maîtresse, il se voit obligé de trahir un ami ; la trahison ne sert de rien, Coralie échoue et tombe malade. Il lui reste alors un dernier espoir, l'ordonnance royale qui doit lui donner un nom noble, c'est-à-dire la possibilité de faire un riche mariage. Cet espoir lui est ôté. Il apprend que son éditeur ne publiera pas son recueil de poèmes. En revanche, son roman est sorti - et voué à l'échec. Il est enfin provoqué en duel et blessé par un de ses anciens amis du Cénacle. Tout s'effondre à la fois : son bonheur avec Coralie ; sa position dans le journalisme ; ses espoirs littéraires et ses prétentions nobiliaires. Il ne lui reste rien.

● *Les contrastes et les reprises*

Dans notre premier exemple, tout l'épisode est construit sur les contrastes et les reprises. D'un côté, les mises en garde de Lousteau ; de l'autre, l'apparence bon enfant des journalistes. Le restaurant des étudiants pauvres, Flicoteaux, avec ses nourritures humbles et frugales, au dîner ; le souper chez Florine, dans le luxe et l'abondance. La rencontre avec Barbet, l'éditeur famélique, à laquelle fait suite celle avec Dauriat, l'éditeur à succès. Ainsi, de contraste en contraste, de révélation en révélation, le lecteur est-il tenu en haleine. Ces reprises contrastées marquent la progression de l'intrigue. Ainsi Lucien arrive-t-il dans la voiture de Mme de Bargeton. Il est alors optimiste, sûr de réussir. Lorsqu'il quitte Paris, ruiné, désespéré par la mort de Coralie, il n'a pas l'argent nécessaire pour payer son voyage en diligence. Avisant une voiture, il s'y dissimule au milieu des paquets, en « passager clandestin ». C'est précisément celle qui ramène à Angoulême Mme de Bargeton devenue comtesse du Châtelet et son mari, préfet de la Charente. Eux ont gagné. Lui a perdu.

Autre reprise que viennent marquer les contrastes : les trois visites à l'éditeur Dauriat. Lors de la première (p. 277 sq.), Lucien est inconnu, il contemple les journalistes présents avec envie, il se voit sèchement refuser son manuscrit par un Dauriat suffisant et sûr de lui. C'est un Lucien plein de l'assurance que lui ont conférée ses succès journalistiques qui revient chez Dauriat (p. 357 sq.) : l'éditeur, qui le sait redoutable, lui refuse toujours son manuscrit, mais enrobe ce refus de flatteries. Entre la deuxième et la troisième visite, Dauriat a acheté les droits du manuscrit de Lucien. Et, à la troisième visite (p. 455

sq.), comme le jeune homme, à la suite de son passage chez les royalistes, n'a plus que des ennemis, l'éditeur le prend de haut et refuse d'envisager la publication du recueil. Ces visites à Dauriat scandent l'ascension et la chute de Lucien, l'attitude de l'éditeur mesurant exactement la réussite ou l'échec.

Une reprise encore : dans la première partie, Lucien, ébloui, affolé, est reçu à une soirée chez Mme de Bargeton. Il n'est qu'un petit poète issu du faubourg de la ville et doit faire face aux humiliations que lui inflige la noblesse d'Angoulême. Il se retrouve dans la troisième partie à l'ancien hôtel de Bargeton. Que de changements ! L'hôtel n'appartient plus à Mme de Bargeton. Celle-ci, femme du nouveau préfet, y revient en invitée. Lucien, grâce à des envois de vêtements de la capitale, fait excellente figure. Lui et Mme de Bargeton affichent une élégance toute parisienne. Au-delà des contrastes criants, des similitudes. Mme de Bargeton, dans les deux cas, est ou devient l'alliée de Lucien. Mais elle est toujours mariée à un autre. Veuve de Bargeton, elle a épousé Châtelet. Lucien n'a donc pas progressé de la première à la troisième partie : il ne peut réussir le mariage auquel il a un temps songé...

Citons aussi pour mémoire les différentes promenades que Lucien effectue sur les Champs-Élysées dans la deuxième partie. Il y est d'abord méprisé par Mme de Bargeton et son entourage (p. 201). Il y triomphe ensuite aux côtés de Coralie dans un élégant coupé (p. 333), toisant à son tour ceux qui l'avaient cruellement ignoré.

MÊLER LA RÉALITÉ ET LA FICTION : LES PROBLÈMES DU RÉALISME

La question du réalisme se pose nettement à propos d'*Illusions perdues*. Du mot, on peut donner la définition suivante : il désigne une conception de l'art, de la littérature, selon laquelle l'artiste ne doit pas chercher à idéaliser le réel ou à en donner une image épurée. Une œuvre réaliste montre la réalité telle qu'elle est, dans sa crudité et sa laideur. Il est naturellement possible de parler du réalisme de Balzac dans un tel contexte. Le héros d'*Illusions perdues* s'enivre, se livre à la passion du jeu, s'endette. Il fait découvrir au lecteur l'envers des belles apparences : le monde est cruel, les journalistes sont dangereux, la gloire n'est rien sans la publicité...

Attention cependant. Nous courons le risque de confondre la réalité et le roman, d'oublier que le roman n'est jamais qu'une construction, qu'une représentation, même s'il se donne pour objet d'imiter le monde réel. Tâchons donc de voir comment Balzac s'y prend pour produire une illusion de réalité assez puissante pour que le lecteur croie à son intrigue, à l'existence individuelle, en dehors des textes, des personnages.

● *Vie réelle, vie du texte*

Le texte de Balzac s'empare de noms de personnes, de noms de lieux qui appartiennent à la réalité et les inclut dans la fiction, les transforme en fiction. Angoulême existe en dehors du roman, avec les caractéristiques que lui confère Balzac. Sa noblesse, en revanche, est inventée. L'allure de véracité du cadre prêtera aux personnages, par réverbération, l'illusion de la réalité. Dans la partie parisienne, de même, le texte cite pêle-mêle des noms de restaurants, de théâtres, de lieux de plaisir, de rues et d'avenues. L'aventure de Lucien est ainsi authentifiée : ne se déroule-t-elle pas dans des lieux véritables, extérieurs à la fiction ? Puisque Staub est vraiment un tailleur allemand à la mode et que son double en littérature vient prendre les mesures du jeune homme, l'existence de ce dernier n'est-elle pas attestée ?

Il arrive aussi que les personnages imaginaires happent, en quelque sorte, dans le courant d'une énumération, la vie des personnages réels que la phrase leur fait côtoyer. L'éditeur Dauriat figure aux côtés de Ladvocat, son homologue dans la réalité : « Le libraire Ladvocat s'était établi depuis quelques jours à l'angle du passage (...) devant [= en face de] Dauriat, jeune homme (...) qui défricha la route où brilla depuis son concurrent » (p. 277). Le roman brouille les pistes, fait fusionner fiction et réalité, donnant pour modèle au personnage réel le personnage qu'il a précisément inspiré ! Et cela continue. L'éditeur fictif reçoit des personnes réelles, le général Foy, célèbre orateur, et l'écrivain Benjamin Constant. De même Blondet, journaliste de fiction, collabore-t-il au très réel *Journal des Débats*. Quant à un comité de rédaction fictif, il englobe aussi bien des écrivains de la réalité que des personnages de roman : « ... si vous acceptez pour rédacteurs Émile Blondet que voici, Claude Vignon, Scribe... » (p. 282). A deux journalistes de *la Comédie humaine* fait suite un écrivain réel. Ce mouvement par lequel la fiction s'approprie ce qui lui est extérieur est à l'origine de l'illusion de réalité que produit le texte.

- ● *Références à l'argent et « détail vrai »*

La situation de Lucien, celle de David, étant largement déterminées par leur absence de fortune, chaque geste, chaque achat qu'ils font donnent lieu à une traduction en termes financiers. Prenons Lucien. « Il dînait chez Hurbain à quarante sous » (p. 202). « Il ne lui resta plus que trois cent soixante francs sur les deux mille francs qu'il avait apportés à Paris : il y était depuis une semaine ! » (p. 204). « Le Théâtre-Français, le Vaudeville, les Variétés, l'Opéra-Comique, où il allait au parterre, lui enlevèrent une soixantaine de francs » (p. 213). Il dépense cinquante francs chez Véry, le restaurateur, cinq cents francs pour des habits élégants (p. 214). Comment ne pas croire à ces vêtements, à ces distractions, à ces nourritures qui, comme dans la réalité, occasionnent des dépenses ? Ces vêtements de fiction, ces divertissements de fiction deviennent aussi réels pour le lecteur que leur contrepartie dans la réalité.

Le « détail vrai » a la même fonction. Chaque lecteur de Balzac retient celui qui lui tient à cœur. Pour l'écrivain Marcel Proust, ce sera l'attendrissement de Vautrin-Herrera passant à proximité de la demeure des Rastignac, en souvenir du jeune homme du *Père Goriot*. Le critique hongrois Lukàcs retient les quatre costumes de Lucien. Les deux premiers, il les a apportés d'Angoulême : le plus élégant d'entre eux est immettable à Paris. Le troisième est un habit dont Lucien fait l'acquisition pour se rendre à l'Opéra dans la loge de Mme d'Espard. Il souligne l'échec de sa tentative de s'intégrer à la haute société : « Lucien devina qu'il avait l'air d'un homme qui s'était habillé pour la première fois de sa vie » (p. 194). Quant à l'élégant costume qu'achète aussitôt après Lucien, il est vite remisé, car le jeune homme se voit refuser l'accès des salons. Détail vrai encore, ce geste du doigt que Lucien fait pour désigner Châtelet qu'il aperçoit dans une loge voisine, lors de la soirée à l'Opéra. Cette faute de comportement irrite Mme de Bargeton et intrigue Mme d'Espard : elle contribue à exclure le jeune homme du groupe des gens du monde. Ces détails font dire au lecteur : « Comme c'est vrai… », accentuant encore dans son esprit la crédibilité de la fiction.

● *Personnages emblèmes et retour des personnages*

L'illusion s'appuie aussi sur l'exemplarité des personnages ou de leur situation. Le texte lui-même allègue cette exemplarité, par la bouche de Lousteau disant à Lucien : « Votre histoire est la mienne et celle de mille à douze cents jeunes gens qui, tous les ans, viennent de la province à Paris » (p. 225). La conduite de certains personnages est, elle aussi, exemplaire. Dans le roman, Mme d'Espard concentre en elle toutes les qualités et tous les défauts attribués par Balzac aux grandes dames de l'aristocratie : finesse, fausseté et esprit de vengeance, entre autres.

Ce type de personnage emblème, qui, à lui seul, signifie un ensemble de conduites, de codes, de positions sociales, acquiert d'autant plus de réalité qu'il sort du cadre du roman, qu'il apparaît dans l'ensemble de *la Comédie humaine*, grâce au procédé du retour des personnages. Quoi de plus réel que ces êtres que l'on voit évoluer d'un roman à l'autre, tour à tour dans les premiers rôles et dans celui des utilités, renforçant la crédibilité des aventures des autres personnages ? Comment Rubempré ne donnerait-il pas l'impression d'exister puisqu'il côtoie Rastignac, issu du *Père Goriot*, qu'il rivalise d'élégance avec ce jeune homme, qu'il vient de la même région et qu'il connaît ses parents et le montant exact de leur fortune ? De Marsay, Vandenesse, d'Ajuda-Pinto, le duc de Rhétoré, animent, pour leur part, d'un roman à l'autre, le clan des jeunes gens à la mode : leur regard perçant, leurs ruses profondes les rendent supérieurs et dangereux. Dans *Illusions perdues*, de Marsay lance à la marquise d'Espard : «Vous devez avoir des raisons cachées pour lui tourner ainsi la tête» (p. 406), commentant avec profondeur son attitude vis-à-vis de Lucien. Du côté des femmes, la marquise représente la haute noblesse mêlée à la vie politique. Elle mène une vie mondaine à laquelle il est fréquemment fait allusion dans *la Comédie humaine*, poursuit de sa haine Lucien de Rubempré dans le roman qui continue *Illusions*, *Splendeurs et Misères des courtisanes*. Blondet, lui, est le journaliste qui réussit, présent quand il s'agit de faire étalage d'un esprit brillant : il commente les événements des *Paysans*, raconte l'histoire de *la Maison Nucingen*. Mlle des Touches - sorte de doublet de George Sand - apparaît elle aussi dans de nombreux romans. C'est à la fois un auteur remarquable et une femme généreuse (*Béatrix*). Quant aux membres du Cénacle, nombre d'entre eux se retrouvent dans toute *la Comédie*. Mentionnons particulièrement Bianchon qui, avec l'avoué Derville, a le statut d'observateur dans le texte balzacien, connaissant tous les secrets et tous les vices. D'Arthez tombe amoureux dans *les Secrets de la princesse de Cadignan* et apparaît dans le grand monde. Ces personnages qui reviennent portent avec eux une histoire, une épaisseur qui leur vient des autres romans où ils ont figuré. Le procédé du retour donne l'illusion de leur autonomie par rapport au texte, ajoutant encore à l'illusion de la réalité.

Ainsi l'impression de réalité que donnent les personnages d'un roman comme *Illusions perdues* s'explique grâce à différentes techniques. De la sorte, le roman s'approprie la vie même et, comme le déclare l'*Avant-Propos* de *la Comédie humaine*, l'œuvre concurrence l'État civil.

Conclusion : Le sens du roman

Illusions perdues raconte l'aventure de la littérature au XIXᵉ siècle. Sous l'Ancien Régime, l'homme de lettres, s'il était pauvre, attendait sa subsistance de mécènes. Qu'on se souvienne de la vie de Rousseau, tantôt chez Mᵐᵉ d'Épinay, tantôt chez le maréchal de Luxembourg. On ne gagnait pas sa vie avec des livres. Et s'il se savait hors du commun, fréquentant les gens du monde, l'homme de lettres ne se considérait pas comme leur égal. Sous la Restauration, tout a changé. Il devient un génie, avec des désirs de conquête, une avidité de gloire, un goût effréné pour le luxe. Il compte de surcroît sur son travail littéraire pour se soutenir. Et c'est l'histoire de Lucien de Rubempré, écrivain moderne. Une royauté commence. Et aussi un mirage. Parce que si écrire des livres permet de s'enrichir, l'activité est soumise aux lois de l'argent, donc de la rentabilité : elle fournit un produit comme les autres.

Mais Lucien est homme de la Restauration. Il est donc tiraillé entre les valeurs anciennes et les valeurs nouvelles. Du côté des valeurs nouvelles, la gloire littéraire, le mérite personnel, le travail de la plume et sa rémunération. Du côté des valeurs anciennes, le code aristocratique qui méprise tout ce qui n'est pas le nom et la naissance. Il hésite, écrivain un jour, aspirant noble le suivant, voulant à tout prix rendre légitime l'usage qu'il fait du nom de sa mère - de Rubempré. Ce nom offre le salut. Le porter, quand on est beau comme Lucien, c'est être assuré de réaliser un riche mariage. Un riche mariage... Mais alors, le nom ne suffit pas ? Quel est donc son pouvoir s'il doit être monnayé, converti en espèces sonnantes et trébuchantes ?

C'est le drame de la Restauration. Les vieilles valeurs elles-mêmes ne sont que des apparences. Le nom n'est rien s'il ne s'appuie sur l'argent. La magnificence des jeunes aristocrates ne se maintient qu'à coups de rentes abondantes. Et Mme de Bargeton part à Paris arrondir ses revenus grâce à des appuis dans la capitale...

L'aventure de Lucien est alors exemplaire. Il va d'un miroir aux alouettes à l'autre, parce que la Restauration ne sait pas elle-même où elle en est, exaltant l'« étiquette » aux Tuileries, voulant rétablir la prééminence de la noblesse et ne pouvant contrôler le surgissement des réalités nouvelles.

Illusions perdues est donc le roman de l'échec, l'échec de Lucien, l'échec, peut-être, d'une société trop contradictoire. Il devrait être sinistre. Il n'en est rien. Arrêtons-nous sur ce contraste. Ce livre tout entier construit sur la désillusion, qui démontre la corruption de la société, l'effondrement des valeurs - les anciennes comme les nouvelles - et exhibe la hideuse réalité de l'argent-roi, de la pensée-marchandise, ce livre est tonique, allègre même.

S'il condamne son héros à des échecs répétés, il le voit chaque fois se ressaisir et monter plus haut. Il le montre, au terme de l'ultime catastrophe, prêt à rebondir à la suite de l'immense rencontre avec Herrera-Vautrin. Il le fait repartir, une fois encore, à l'assaut de la société. Il lui donne une vitalité inextinguible.

Car c'est la vitalité qui domine dans *Illusions perdues*, la vitalité de tous ces personnages jeunes - les Lousteau, les d'Arthez, les Finot, les de Marsay - pleins d'un appétit de réussite qui fait leur force. Vitalité encore dans la composition de l'histoire que vit Lucien, avec ses fastueux aléas, journaliste puis jeune homme à la mode, projeté en quelques mois aux sommets de la société et précipité au fond de l'abîme. Vitalité toujours que l'espoir de David, seul et sans aide, que son rêve de conquérir grâce à son inventivité des fortunes colossales, des millions.

Quoi d'étonnant alors à ce que ce foisonnement de gens et de lieux, de désirs et de réalisations, de bons mots et de désillusions terribles, laisse une impression éblouie de force et d'énergie ?

Bibliographie

ÉDITION DE RÉFÉRENCE

Illusions perdues, Éd. Garnier. Préface et notes d'A. Adam.

SUR LA BIOGRAPHIE DE BALZAC

GOZLAN, *Balzac en pantoufles, Balzac chez lui.* (Petit livre très gai, écrit par un contemporain de l'écrivain, qui le montre en proie à la gourmandise, au travail, à l'ambition de paraître, avec un mode de vie original.)

A. MAUROIS, *Prométhée ou la vie de Balzac*, Flammarion, 1974. (Cet ouvrage montre le véritable maelström qu'a été la vie de Balzac.)

SUR « LA COMÉDIE HUMAINE »

FÉLIX LONGAUD, *Dictionnaire de Balzac*, Larousse, 1969. (Petit livre commode qui permet de faire le point rapidement sur les nombreux personnages qui parcourent l'œuvre.)

PIERRE-LOUIS REY, *La Comédie humaine*, Hatier, coll. Profil d'une œuvre, 1979. (Petit livre maniable et instructif.)

SUR « ILLUSIONS PERDUES »

On consultera les livraisons de l'*Année balzacienne* qui traitent de points d'érudition ou de thèmes concernant *la Comédie humaine* (Garnier).

PIERRE BARBÉRIS, *Mythes balzaciens*, Armand Colin. (Dans ce livre, l'un des nombreux textes que l'auteur a consacrés à Balzac, une analyse du Cénacle et de sa signification politique.)

SUZANNE BÉRARD, *La Genèse d'un roman de Balzac : « Illusions perdues », 1837*, Armand Colin.

MICHEL BUTOR, *Essais sur le roman*, Idées, Gallimard. (Un court chapitre, « Philosophie de l'ameublement », apporte un éclairage intéressant sur les objets dans les romans de Balzac.)

GEORGES LUKACS, *Balzac et le réalisme français*, Maspero. (L'auteur donne une interprétation marxiste du roman, qualifiant le réalisme de Balzac de « réalisme critique ».)

MARCEL PROUST, *Contre Sainte-Beuve*, Idées, Gallimard. (Un chapitre passionnant consacré à Balzac, avec de nombreuses références empruntées à *Illusions perdues*, traitant des questions de style, de la réalité et de la littérature, moquant un peu, admirant beaucoup.)

MARTHE ROBERT, *Roman des origines et origines du roman*, coll. Tel, Gallimard. (L'auteur voit en Balzac le type même du « bâtard » qui écrit pour s'approprier le monde ; une lecture qui s'appuie sur la psychanalyse et propose des vues fécondes ; quelques pages très riches sur *Illusions perdues*.)

SUR LES PROBLÈMES DU RÉALISME

On trouvera les éléments d'une réponse cohérente dans les travaux sémiotiques ; en particulier, de Denis Bertrand, *Du figuratif à l'abstrait* (in Documents, Actes sémiotiques, 39, 1982, publié par l'Institut national de la Langue française, 10, rue Monsieur-le-Prince, 75006 Paris). Texte difficile d'accès mais qui permet une véritable réflexion sur le réalisme.

Filmographie [1]

Un feuilleton télévisé, les *Illusions perdues*, réalisé en 1966 par Maurice Cazeneuve.

Un film hongrois, *Elveszett Illuziok* (Illusions perdues), réalisé en 1982-1983 par Guyla Gazdag. Il s'agit d'une transposition du roman de Balzac dans la Budapest de 1968, montrant un ambitieux dans le monde littéraire des années 60.

---

1. Cette filmographie a été établie grâce à l'aide de Jean-Claude Romer d'Antenne 2.

Sinon, un nombre important de films qui traitent du personnage de Vautrin/Carlos Herrera :

1915 : *Vautrin*, film français, réalisé par Charles Krauss et interprété par Paul Guidé ;

1919 : *Vautrin*, film italien, réalisé par Alexandre Devarennes et interprété par Giovanni Grasso ;
Der Galeerensträfling, film allemand de Rochus Gliese avec Paul Wegner ;

1926 : *Le Galérien*, film allemand de et avec Paul Wegner ;

1943 : *Vautrin*, film français de Pierre Billon, avec Michel Simon ;

1949 : *Der Bagnosträfling*, film allemand de Gustav Frohlich, avec Paul Dahlk.

Index des thèmes

Imprimé en France par MAURY-IMPRIMEUR S.A. – 45330 Malesherbes
Dépôt légal : Septembre 1983
N° d'édition : 4700 – N° d'impression : H 83/13639